U0684190

全民健身的理论与实践应用探索

曹　杨　陈瑞琪　著

中国原子能出版社
China Atomic Energy Press

图书在版编目（CIP）数据

全民健身的理论与实践应用探索 / 曹杨，陈瑞琪著.
--北京：中国原子能出版社，2023.11
ISBN 978-7-5221-2958-7

Ⅰ. ①全…　Ⅱ. ①曹…②陈…　Ⅲ. ①全民健身–研究–中国　Ⅳ. ①G812.4

中国国家版本馆 CIP 数据核字（2023）第 168855 号

全民健身的理论与实践应用探索

出版发行	中国原子能出版社（北京市海淀区阜成路 43 号　100048）
责任编辑	张　磊
责任印制	赵　明
印　　刷	北京天恒嘉业印刷有限公司
经　　销	全国新华书店
开　　本	787 mm×1092 mm　1/16
印　　张	11.75
字　　数	199 千字
版　　次	2023 年 11 月第 1 版　2023 年 11 月第 1 次印刷
书　　号	ISBN 978-7-5221-2958-7　　定　价　**68.00 元**

网址：**http://www.aep.com.cn**　　　　E-mail：**atomep123@126.com**
发行电话：**010-68452845**

前　言

　　伴随着全民健身被提升到国家战略的高度，健身的政策不断完善、健身的方式日益方便、健身的环境日益改善，健身观念深入人心，健身已成为一种时尚。全民健身、人人参加的实践热潮，在全国大地上汹涌澎湃。全民健身是人们增强体魄、健康生活的基础和保障，是每一个人成长和实现幸福生活的重要基础。在现如今的中国，全民健身已不仅仅指强身健体的范畴，还融入了经济、教育、文化、养老等各项事业，形成了互促互进的格局。"全民健身计划"的出台与实施，对于提高劳动者全面素质，树立科学、文明、健康的生活方式，推进竞技体育和群众体育协调发展以及促进社会主义物质文明和精神文明建设必将起到积极的促进作用，也为中国体育事业的发展指明方向，对于指导中国群众体育实践和体育理论建设以及全面提升中华民族和全人类健康水平及整体素质具有十分重要的意义。

　　伴随着人民生活水平的不断提升，人民群众对健康的需求也在不断增加，同时对自身的身体有着更高的需求，有些人追求八块腹肌或者是马甲线。而当今社会上各种推动步行和跑步的软件更是不断涌现。这既促进了人们身体素质的提升，又利于人与人之间在锻炼中相互沟通，提高心理层面上的主动性。全民健身不只有利于自身的健康和积极心理，更有利于社会良性互动发展。随着社会健身氛围的越加浓厚，个人的健身意识会逐渐加强，并会引导人们积极地开展和加入到健身队伍中。这样一来社会环境和个人就有了互动和良性的循环。而健康的身体本身就是良好生活质量的基础和保证。

　　本书第一章为全民健身概述，分别介绍了全民健身的含义及作用、全民健身的现状及发展、全民健身兴起的路径及发展；第二章为全民健身的法律及政

策，分别介绍了全民健身的法治及法律概述、全民健身的系列政策及解读；第三章为全民健身在不同群体之间的应用，分别介绍了全民健身与学校体育、全民健身与家庭体育、全民健身与社区体育、全民健身与农村体育；第四章为全民健身的运动方法，分别介绍了田径运动、球类运动、健美运动、时尚运动、传统武术；第五章为探索全民健身新模式，分别介绍了生态体育资源的开发利用、学校生态体育的理论及构想、城市生态体育的构建及应用、农村生态体育模式的构建及应用、全民健身与全民健康的融合发展。

在撰写本书的过程中，作者得到了许多专家学者的帮助和指导，参考了大量的学术文献，在此表示真诚地感谢！本书内容系统全面，论述条理清晰、深入浅出。

限于作者水平有限，加之时间仓促，本书难免存在一些疏漏，在此，恳请同行专家和读者朋友批评指正！

作　者

2023 年 3 月

目　录

第一章
全民健身概述

本章对全民健身作了简要概述，主要从以下几个方面进行了分析，分别是全民健身的含义及作用、全民健身的现状及发展、全民健身路径的兴起及发展。

第一节　全民健身的含义及作用

一、全民健身的含义

《全民健身计划纲要》开宗明义首先就明确指出："为了更广泛地开展群众性体育活动，增强人民体质，推动我国社会主义现代化建设事业发展，特制订本纲要。"这里有三个关键词：群众性体育活动、人民体质、社会主义现代化建设事业。从这里我们可以看出，全民健身的主体、内容和目的。

在我国，全民健身在作用和功能方面早已超越了强身健体的范畴，它所提倡的积极向上、团结协作、崇尚规则、公平竞争、人与自然和谐相处等精神完全符合和谐社会的思想。因此，我们应该对"以人为本"，加快社会各项事业发展，全面改善人民生活等方面进行深入的研究与思考，以更好地发挥全民健身综合功能与作用，让全民健身不仅仅是身体运动，更是人类生活方式的体现，是人类全面进步与发展的巨大力量，是促进社会和谐、邻里和顺、家庭和睦有效的途径。所以"全民健身"已演变、扩展到"中国特色的大众体育"的意义上，包括全民健身活动法规法律、全民健身活动组织、全民健身活动设备和资

源拓展、全民健身活动的种类与基本内容、中国社会体育指导员、市民健身、农民健身、学生健身、特殊人群健身、全民健身效果评分和全民健身国际借鉴等。

二、全民健身的作用

（一）促进社会发展

人类的全面发展是社会发展的核心所在。全民健身事业在我国社会发展中扮演着不可或缺的角色。尽管我国已经进入小康阶段，但由于疾病和亚健康的影响，仍然存在着一系列问题。随着机械化、电气化、自动化程度不断提高，现代化交通工具不断推广，信息技术不断发展，人们进行不同体力劳动时间和机会大幅减少；随着家务劳动社会化的发展以及家用电器的广泛应用，家务劳动占据人们的时间明显减少。在社会竞争日益激烈和生活节奏不断加快的今天，人经常处于一种紧张的状态。精神过度紧张等状况，让各种文明病不断滋生和传播，困扰了人们的生活。在当前的形势下，全民运动健身逐渐成为一种潮流。科学研究和实践表明，体育运动能够避免现代文明病的出现。国际运动医学联合会原主席普罗科普指出，随着机械化和自动化的不断发展，人们的体力活动机会逐渐减少，缺乏适当的锻炼会逐渐削弱人体机能，因此适量的体育运动是预防文明病发生的最好途径。在经济社会发展中，体育与科技、教育、文化、卫生等学科都对社会的良性运转有推动作用，同时全民健身也被视为体育的"助推器"。因为全民健身的普及，体育事业得到了长足的发展，同时也为社会的良性运转提供了有力的支持。

（二）促进社会主义精神文明发展

全民健身在一定程度上具有缓解社会矛盾、维护社会稳定等多重效益。人类的社会文明是由物质、精神、政治和制度等多方面文明构成的。人类的精神文明是精神生活和财富的结晶，体现了人类精神活动向上的状态。在当今激烈的社会竞争中，人们承受着巨大的心理压力，如果不能及时释放这些压力，可能会导致心理问题的出现，甚至引发社会矛盾。而全民健身这一社会"安全阀"，能够起到舒缓、发泄、降低利益冲突所引发的社会动荡及各种冲突的效果。广

泛推行全民健身活动不仅能解决社会问题，还能提升人们的健康、塑造形体，培养道德等方面的文化修养。同时，它还能帮助人们养成理性的生活方式，并营造积极健康、向上的文化环境，从而推动社会主义精神文明建设的发展。与此同时，全民健身对于创造人与人、人与社会以及人与自然和谐相处的氛围有着非常重要的作用和意义。全民健身活动作为人类积极的生活方式，通常会在赛事或者比赛中制定出人们普遍接受的规则与道德标准。健身活动中，每一个人都可以充当不同的社会"角色"，以公认的规则及道德标准体验竞争、集体归属感及服从感使人们形成良好的人际关系。

（三）促进体育经济和产业发展

能为社会提供与体育产品相关的同类经济活动和与活动有关的同一类经济部门的综合，被称作体育产业。随着全民健身的普及，体育产业的消费人群得到了增加，与此同时，城市社区化与农村城镇化又向前迈了一大步，因此体育市场也得到了培育和扩大。随着时间的推移，人们对于物质消费的需求逐渐减少，而对于那些与人民健康生活息息相关的服务业和消费品，其需求则逐年攀升。因为人们对健康水平和生活质量的提升有无穷无尽的热情，所以，他们也有无限的体育消费需求，这将吸引体育健身、体育娱乐、体育康复、体育表演、体育广告和体育彩票等领域形成一个巨大的体育消费市场，这对于体育全民健身和体育产业发展具有很大地促进作用。全民健身使得旅游、商业、交通、新闻出版等相关服务行业得到了蓬勃发展，随着国内生产总值（GDP）得到提升，经济收入也实现了增长。

（四）促进国民健康观发展

随着中国人的生活方式发生了翻天覆地的变化，我们的思想准备在多个方面出现了不足，这也给社会体育带来了全新的挑战。钟南山院士指出，体质健康与身体健康是两个概念[①]。所谓身体健康，是指身体内的各个器官没有受到任何形式的疾病或不适的影响；体质健康就是机体各部位组织结构正常、功能健全。人的有机体在功能和形态上呈现出相对稳定的特征，这种特征被称为体

---

① 钟南山. 钟南山谈健康［M］. 广州：广东教育出版社，2008.

质。体质包括体格、体能和适应能力等几个方面。人体的生长发育水平和体型等构成了体格；如力量、速度、灵敏度、柔韧性和耐力等身体素质构成了体能；人类的适应能力既指对周围环境的适应能力，又指对各种疾病的自我保护和抵御能力。

在国民生活方式的变化中，全民健身活动极大地改变了城乡居民的健康观、健身观，在价值观念方面，越来越多的人把健康问题放在了首位，运动健身也被视作获得健康越来越受青睐的方式，这也给我国全民健身活动的发展提供了良好的思想基础。

第二节　全民健身的现状及发展

一、我国全民健身现状

（一）全民健身得到政府重视

现阶段，《全民健身计划纲要》已经受到了国家领导人的高度重视，这是一项加强国民的身体素质系统性工程和跨世纪发展的战略规划，并且是为实现社会主义现代化的目标而进行配套的内容。数据显示，地级市的领导机构占到了整个地市总数一半以上，而县级的领导机构也占县总数的很大一部分，许多的街道和乡镇也组建了协调机构①。各级的地方政府已经把全民健身的工作列入了当地精神文明建设的内容当中，这也是当地政府明确的是为人民群众办好事、实事。通过这些政策，加强了政府对于全民健身活动的领导力。

（二）人们的健身意识不断增强

1995 年直至今日，"全民健身宣传周"活动每年都会举行一次，目前已经有了很深刻的社会影响，不但促进了全民健身活动的实际实施，还提升了人民群众对于体育健身的意识。根据统计的结果，我国现阶段每年参加"全民健身

---

① 潘丽英. 全民健身服务体系构建与运动方法研究［M］. 北京：新华出版社，2018.

宣传周"活动的人群已经将近 3 个亿。并且宣传周这种形式的内容已经开始不断地扩展，比如：全省市范围内大规模的体育节、体育艺术季、全民健身体育节等等，产生的影响越来越大，参与进来的人也越来越多。"亿万农民健身活动"是农业农村部联合中国农民体育协会和国家体育总局共同举办开展的活动。国家体育总局也取得了傲人的活动成果，连续举办了五届非奥运项目的全国体育大会，对于全民健身活动的开展起到了很好地推动作用。

全民健身活动有着十分多样化的内容形式，群众可以广泛地参与进来。它不但有已经形成了体系制度的大型群体竞赛项目，也有通过社区、居委会或是家庭来举办。很多的地区把体育健身活动和生产生活进行有效地结合，产生了十分积极向上的作用，提升了群众对于参与体育活动的兴趣，对文化教育阵地的占领具有十分重要的意义。如此一来，精神文明和物质文明两方面的建设都提升了上来，是十分能得到广大人民群众认可和欢迎的。

（三）群众体育工作队伍不断壮大

《全民健身计划纲要》的不断实施，加之全民健身活动发展趋势良好，人民群众体育工作的队伍建设不断加强。省级的体育行政部门当中，干部总人数中群众体育干部的数量比例也在不断增加。在省、地级市的体育事业单位当中，群众体育工作的从业人员不断增加，省级的体育总会中不论是专职还是兼职的人员数量都有所提升。除此之外，乡镇、街道等等专职的体育工作人员都有了大幅提升。

（四）全民健身的组织网络不断完善

体育体制的改革在不断地发展改变，社会当中体育发展程度不断增加，渐渐形成了中央、省级、市（地）、区（县）、街道（乡镇）的体育社团分层次的结构，基本上把全国城乡各级地区都覆盖到位。群众体育健身活动的不断发展，使得其基本阵地变得多了起来，这也是全国体育社会团体不断增加的原因，城乡社区的体育指导站和活动点都是属于其阵地的范畴。现阶段，我国社会体育已经具有其特有的性质并形成了群众体育的组织网络，其组成主要是以体育社会团体为线、以基层体育指导站和活动站为点，点线结合起来就组成了覆盖十分广泛的带有社会化性质的网络。

（五）全民健身的场地经费不断增多

我国的各类体育场馆在不断地增加，并且已经把很多的公共体育场馆面向社会进行了开放，这是为了解决群众健身场地不足这一问题所采取的措施，也可以因此把体育设施充分地利用起来，为全民健身这一社会事业进行服务。

中央提存的体育彩票公益金现已有一部分被提取作为发展群体事业，这也是国家进行鼓励的结果，这一部分资金多数用在器材的购买和设施的建设，名为"全民健身工程"。开展了"创建体育先进县"的活动，为了把各级政府以及社会全都调动起来，建立"两场一房一池"的资金，并且把社会、集体以及个人兴建体育场馆、设施投资也纳入进来。这样一来，得到的资金数额就十分可观。这些设施建设在群众的生活居住区附近，可以说是群众身边的健身设施，这就方便广大人民群众共同地参与到体育健身活动中来，也可以有效缓解体育健身的场地以及设施不够充足所引发的问题。

近几年，对于全民健身活动国家制定了一个相当好的政策，就是发行体育彩票，并且把彩票公益金所得收入部分中的百分之五十用于开展全民健身计划，使各级群众的体育活动经费逐年增加，国家以及地方共投入的彩票公益金甚至高达数亿元。对于许多退休的领导干部来说，国家把彩票公益金用好是他们共同的心愿，尤其是要明确取之于民、用之于民的理念，把这些彩票公益金用在实处，把全民健身活动推向新高。

（六）全民健身的激励机制更趋完善

表彰体系作为一项从中央到基层的激励制度体系，对于基层的群众积极地开展体育工作有很好的鼓励效果，这一体系的主要目的也是为了把全民健身工作在全国范围内推动开展起来。通过表彰体系，命名了全国体育先进县、城市体育先进社区；并且表彰了获得全民健身宣传周的优秀省和单位；与原国家教委，现名教育部进行联合表彰，对于《全民健身纲要》推动良好的先进单位和工作者进行表彰，包括：全国群众体育先进省、市，全国群众体育进步省、市，全国群众体育先进单位、个人；与农业农村部和中国农民体育协会联合表彰先进乡镇，这些乡镇在"亿万农民健身活动"中表现优异；与国家民委进行联合表彰民族体育的模范集体和个人等等。

（七）以青少年为重点的学校体育得到加强

《国家体育锻炼标准》的修订是国家体育总局为了配合教育部对学校体育进行改革而进行的，并且将其作为学校当中的体育考试范畴。国家体育总局还与教育部一起制订了《少年儿童体育学校管理办法》《体育传统项目学校管理办法》等法规政策文件，对于青少年的素质培养无比的重视，也进一步地强化培养学生的德智体美全面进步。在党中央和国务院领导同志的精神指示之下，青少年学生的校外体育活动的场所建设进行了加强。各级体育行政部门对于现有的体育场馆的建设十分重视，资金方面是以体育彩票公益金的资助为主，并且为青少年创办了体育俱乐部。这一项工作计划是以逐年投入、稳步发展为理念，并由此来建设我国青少年学生的校外体育活动的场所，并且努力形成网络体系。

二、我国全民健身发展的趋势

（一）全民健身将成为一种普遍流行的社会现象

改革开放作为我国的一项基本国策不断推行，社会主义现代化和市场经济也在飞速发展，我国的体育事业的发展也处在了难得的历史机遇的情况之下。现阶段，我国的国民经济水平持续提高，产业结构以及人民群众的消费水平不断提升，不论是城镇还是农村的居民收入都在稳步上升，人民整体生活水平提高。不断地发展变化使得人民群众对于体育活动的需求程度增加，体育活动成为人们日常生活中不可或缺的重要因素。社会经济不断地发展为体育事业的发展夯实了基础，打造了有利的环境因素。群众日渐增加的体育需求也成了全民健身活动发展起来的有效力量。

（二）科学性、实效性和普及性是全民健身工作的目标和重点

全民健身的意义重大，对于全面建成小康社会、构建和谐社会都起到了十分重要的作用。国家体育总局以及各级体育部门都表示：全民健身的工作要以党和政府为主，从国家的经济大局出发，与时俱进，在不断地改革创新中完善全民健身活动。各级人民政府要起到主导性作用，积极地推进群众体育的发展，

为人民群众建设良好的公共体育设施，努力探索群众体育社会化的发展方向和道路，要坚持以人为本的策略，真正地去关注民生问题，把"人民群众高兴不高兴、满意不满意、赞成不赞成"作为我们去衡量工作好坏的准则。

（三）全面建成小康社会将是全民健身事业的重难点

全民健身事业发展的重点是青少年的发展，而其发展的难点是农村。《关于加强青少年体育增强青少年体质的意见》的贯彻落实十分重要，是做好青少年体育活动的重要指导文件。对于我国的青少年来说，自发学习锻炼甚至自我教育的过程渐渐消失，对于成长中的青少年来说，这是很大的损失。为青少年提供多渠道的体育活动场地是十分必要的，并且要经常性地举办色彩丰富的青少年体育竞赛活动，例如：全民健身大讲堂——校园行活动、全国亿万青少年学生阳光体育运动会等等，这些都是全民健身工作长期发展措施。

中华人民共和国建立后，各级政府一直都关注并重视农村体育事业的发展。然而，由于制约条件较多，农村的体育事业依然相对薄弱，无论是体育场地还是设施都相对滞后。为了改善农村体育的发展状况，国家体育总局在2006年启动了农民体育健身工程，这项任务非常艰巨，需要付出长期的努力。

（四）公共体育设施将以建设与开放并举为发展方向

我国未来的公共体育设施水平提升的重点内容是建设和开放。对于我国的公共体育设施的建设来说，很长一段时间都是要以全民健身的工作作为龙头的，要遵循实际发展情况来推动全民健身工程的发展，为了农民体育健身工程能够更快、更好地建设起来，体彩公益金的使用以及全民健身工程器材的质量管理需要不断地加强，这就可以使得我国的公共体育设施的建设水平再上一层楼。

（五）全民健身将要走一条社会化之路

体育可以看作是一种文化的现象，并且在不断地加快社会化的进程，而政府全部包办的时代已经过去了。当前的形势，我国的全民健身管理体制已经处于一个过渡期，向着政府与社会有机结合而成的体制行进着。虽然政府的行政部门对于全民健身来说依然有着十分重要的作用，但是其职能却发生了改变，

现在的新形势是以政府宏观调控，事业单位、群众体育组织、中介机构等作为主要依托的形式来发展全民健身的事业。

三、我国全民健身发展的对策

（一）强化各有关部门的职责

各级工会、共青团、妇联、各行业以及社会各界的体育办事处等行政部门对体育组织工作要有一定积极性。这些部门在各级政府的带领下能够充分地发挥其特长，进行全民健身的建设。这些体育行政部门要通过领导监督、规划、解决并实施，把全民健身作为所有工作中的重点。

（二）各级政府增加对全民健身的投入

对于全民健身的投入，我国的各级政府支持厂矿、企业和个人等在全民健身事业中进行资助。国家体育总局通过体育彩票的公益金不仅能够建设全民体育的项目，同时还能用于"雪碳计划"，达到扶贫脱困的效果。体育彩票的公益金主要用在了三峡库区、革命老区、老少边穷和遭到自然灾害地区的体育建设方面，建立了规模和影响力都较大的形象工程。

（三）加强以学校为重点的青少年体育工作

"少年强，则国强"，所以在对学生和青少年的德智体全面发展的教育中，学生的身体健康是非常重要的。学生在学习的同时也要保证每天至少有一小时的时间进行体育锻炼，通过教育性、科学性、趣味性、全面性的锻炼，从而达到劳逸结合的目的。不仅要让学生能够拥有基本的运动技能，同时还要养成锻炼身体的良好习惯。加强体育工作的过程中要分两个方面进行：第一是以乡镇为中心的农村体育工作。以乡镇为首，村委会为基础，村民相互协作，形成组织网络，进行因地制宜的、更靠近农民方式的体育活动；第二是以社区为中心的城市体育工作。为了让居民们能够更加便利地参与各项体育活动，体育工作需要依靠社区的人才、资源以及场地，建设一个业余、自愿的小型社区体育活动。对于城市街道和农村乡镇体育指导中心建设能够有效地实施，要达到"有人员、有阵地、有经费、有互动"；同时还要建立体育社会团体和组织，最终

达到一个全民化的健身组织。在军队中也要重视体育的应用，不仅能够加强官兵体能的锻炼，丰富部队文化生活，还能增强军队的战斗力。

（四）对老年人、残疾人体育保持关注

体育健身在老年人和残疾人中也要起到积极的作用，就不得不依靠社区在老年人和残疾人体育方面的组织力。利用社区的便利为其提供相应的服务。在发扬民族体育的过程中要发挥少数民族在地理位置上的优势，对民族体育的资源、体育项目做到深度挖掘、整理和推广。

（五）加强相关法律法规的建设

建立并且加强体育方面的法律法规建设可以有效地在社会体育工作、体育社会团体、体育场地设施的建设与管理及保障各种人群能够进行参加体育活动等方面起到保障作用。所以要对相关的法律法规的宣传和执行工作进行加强。各个级别的体育宣传部门要加大全民健身的宣传工作，通过新闻媒体针对典型事件和重大活动的全面报道从而扩大全民健身的影响。

国民体质监测指标已经成为国家发展的综合性指标，因此根据国民体质的监测制度做好国民体质的测定和监测工作是十分必要的。对国民体质进行定期公布，把这项工作的社会效益进行扩大，使其成为学校以及各个行业招生、招工的基本性要求。

（六）积极推进群众体育科技进步

在不断地进行人民身体监测系统的研究过程中，要做到有科学根据地研究出健身的方式方法。针对群众体育研究的成果，在推广、应用上要高度重视。不仅要快速地培养出大量有能力的体育指导员，同时通过培训等方式，使这些体育组织人员和指导工作人员获得职业资格证书，从而达到能任职的基本条件。

（七）加快体育健身场地设施建设和开放

各地方的人民政府将财力和物力全部集中起来，在社区、乡镇以及居民区进行计划性的健身公共体育设施。不仅全国各地的公共体育场馆都向全体人民

开放进行健身活动，同时条件好一些的学校体育场在空余时间也能向外部大众开放。

第三节 全民健身路径的兴起及发展

一、全民健身路径的定义

20 世纪 80 年代，欧美经济发达的国家最先流行建设健身路径。全民健身路径多在环境适宜的公园、绿地、河边等地方，每隔一段间距安装一种健身器械，并有小路使得各器械彼此连通，这也是"健身路径""室外健身设施"或"多功能健身路径"等等名称的由来。每个器材旁都有标注器材名称、锻炼方式、主要功能、安全事项等的标牌，个别的还有动作示范图、锻炼会消耗的热量与锻炼规范等。器材通常由玻璃钢、木头、钢铁等制成。

20 世纪末，原国家体委下发了《关于 1996 年度体育彩票公益金用于实施全民健身计划的通知》，国家体育总局利用体育彩票公益金的 60%[①]，在全国范围内开展"全民健身工程"建设，利用资助、捐建和援建等方式，指导和带领不同地方建造公益性群众健身场所和设施。全民健身路径工程、全民健身活动中心、"雪炭工程"、全民健身活动基地是全民健身工程的四类建造模式。其中把以配套室外健身器械为主的室外体育健身器械称作"全民健身路径工程"，指的是主要修建在室外、社区、公园、路边场地，通过多种单一功能运动器械配套组合而成的群众公共体育设施，具有如下特点：因地制宜、投资不大、美观实用、老少皆宜、科学性、趣味性、健身性。依据不同器材的分布情况，可以把每个器材称为"站"，通常由数站构成一条健身路径，具有站位多、练习方法多、能够使用不同器材锻炼身体的各个部位且简单易学的特点。路径工程主要由健身路径构成，配套设施主要包括篮球架、乒乓球台、体质测试器材等室外体育设施和场地。

---

① 沈芸. 休闲体育与全民健身研究［M］. 西安：西安交通大学出版社，2017.

二、全民健身路径的兴起

国务院关于实施《全民健身计划纲要》的通知，为我国民众体育事业的发展提供了明确的指引。在实践中，全民健身计划纲要的实施受到场地设施匮乏的制约。为了解决广大群众参加体育锻炼场所和器材严重不足的问题，促进《全民健身计划纲要》实施，国家体育总局采取了多项有力措施，其中"全民健身工程"是最主要的建设方式，以不断增加体育场地设施的建设。

随着人们余暇时间的增多，经常参与体育锻炼的人数也不断增加，在强身健体的内在需求方面，人们越来越不满足于单一的锻炼方式与极少的锻炼器材，回归自然成为人们热衷的选择，人们慢慢地将在室外锻炼取代了在室内用健身器材锻炼。这是因为经济水平的限制，人们大多不具备参加消费性俱乐部体育活动的资金。因此，他们倾向于选择就近便利、无需花费任何金钱的健身路径。

在广州天河体育中心建成了我国第一条健身路径，借鉴了经济发达国家群众健身的成功经验，迅速赢得了参加体育锻炼的群众的热烈欢迎，有效缓解了广大人民群众日益增长的健身需求与场地设施严重不足的矛盾，同时也在城镇中掀起了一股路径健身的高潮，一些练习点甚至出现了器械供不应求的现象，一些原本不参加锻炼的居民也通过健身路径积极参与到健身活动中来，全民健身路径工程概念的出现，为更多人群和多层面的锻炼者提供了有选择性的舞台和器材设施。

三、全民健身路径的发展

在健身领域的不断发展中，我们必须时刻保持警觉，不断探索新的思路、理念、措施和方法，需要在不断创新中发展。随着健身路径的不断升级，我们需要更具个性化和人性化的健身设施，在满足中老年和少年儿童健身需求的基础上，进一步满足年轻人和更多人群的健身需求。城市的未来发展方向将呈现出规模化、多元化的趋势；村庄将迎来一股小型化、多样化的浪潮，农村将在其中蓬勃发展。在当今社区建设中，健身设施已经成为不可或缺的重要组成部分，因此，我们需要对健身路径进行外观造型、功能多元性等方面的更新和改革，以适应社区、房地产开发、园林等多方面的发展。在制订基本管理体系的

前提下，应尽快总结各地出现的科学管理办法和措施，以形成具有地域特色的管理模式。

（一）全民健身路径将更注重功能的开发

1. 健身路径在功能上满足不同人群的需要

在健身路径的功能方面，针对中国人的身体特点和传统有效的健身方法，结合健身路径器材的特点，我们开发了多样化、针对性强的健身器材，以满足不同健身者的需求。根据使用人群的不同，路径可分为儿童型、中老年型、少年型和大众型，其中儿童型以趣味性和娱乐性为主，中老年型则以有氧运动为主，而少年型则以力量训练为主。此外，大众型通用性较强，适合大多数人群。为了满足不同年龄和层次的锻炼者的需求，我们需要提供功能上的要求，以帮助他们科学地掌握运动量。在我国的人口中，有一亿人可以通过健身路径进行锻炼，除了那些年龄过大或过小的人，还有残疾者。不同年龄段的锻炼者有不同的要求，例如青少年需要进行灵敏性练习，青年和成年男子需要进行力量训练，老年人需要进行柔韧性练习，而青年女性则需要进行形体练习。

在考虑农村的路径器材时，需要更加注重农民的生产劳动和农村留守人员中老年人的比例，以区别于城乡经济社会的差异。

2. 功能上更要求对身体部位具有针对性

一套运动设施是由多种功能单一的运动器材所构成，每一种器材均针对于人体某一特定部位的肌肉或机能进行有效的锻炼。无论是哪种类型的路径工程，全套器材的配置都是由各种有益于人体形态健美、机能增强和素质提高的器材组合而成，这些器材应能够有效地锻炼人体上臂、前臂、大腿、小腿、躯干、背部、肩部、腰部、腹部和颈部等肌肉。器材数量要适宜，太少，功能不全，难以保证锻炼效果；太多，功能重复，增加投资费用。

3. 专项路径在功能上的突破

目前，出现了从功能上因人、因地制宜，大、中、小结合，具有一定规模、相对集中设置的专项器材、场地称为专项路径。目前实施的有篮球长廊、乒乓球长廊。

在我国，存在着不同的人群，这些人的身体机能和健康状况因其所从事的职业特点而异，工人和农民等体力劳动者部分身体无法得到应用，导致整体机

能的发展不平衡，甚至出现了畸形的发展。由于缺乏适当的体育锻炼，大多数从事脑力劳动的人出现了身体整体机能下降和不同特征的职业病。为了满足不同人群的身体特点和需求，我们建议开展专门的路径工程，以满足他们的健康发展需求。每个工程项目无须过多投资，但必须具有针对性，以弥补他们身体发展不平衡和锻炼不足的问题，从而实现全面发展，提高他们的健康水平和生活品质。

4. 趣味休闲是全民健身路径工程健身功能性考虑的重点部分

我国少年儿童的身体正处于发育期间，为使他们在锻炼中不感到疲倦又能达到较好的训练效果。为了满足儿童的需求，生产户外健身器械的厂家研发了一系列产品，包括尺寸、力度和防护措施的调整，以及考虑儿童心理特征，调整了器械的颜色和结构设计，从而提高了器材的观赏性和娱乐性。这些产品不仅吸引了孩子们参与体育锻炼，同时也为企业细分市场和开拓新领域提供了机遇。从市场反馈的角度来看，对于存在安全隐患的建设器械减少生产或进行研究改进。

功能上突出休闲娱乐、增加趣味性和针对老年人锻炼的功能同时，其中针对以娱乐为目的的居民，健身路径便成为锻炼的辅助练习手段，而其增加交流的功能便凸显出来，成为居民休闲时间的交流场所。

（二）全民健身路径建设将更注重布局的合理

为了最大程度地满足不同地点人民群众的需求，健身路径的规划布局已经从城市社区向农村乡镇社区，从公共场所向企事业单位，从老城区向新建居民住宅小区拓展延伸。根据选址情况的不同，可以将其归为不同的类型，主要安装在城市居民小区、政府机关、工业工厂、军队等住宅区是类城市社区型。乡村地区的乡镇、行政村或自然村的核心地带，是农村乡镇的主要部署区域。公园广场型适用于公园、街心广场或其他规模较大的公共场所，为市民提供晨晚健身锻炼的场所。

在进行管理时，选址是至关重要的一步，需要将路径工程规划在居民区和公共活动点，还要避免在收费场所建设。为了实现群众健身的便捷性，同时又不会对民众造成干扰，以及便于管理，我们可以发动群众进行选址。针对不同的社区居民和锻炼人群，在器械的选点原则和器械内容方面，需要进行相应的

调整，以最大限度地发挥有限路径的作用，可以考虑增加或减少器械的数量。根据国家规定的标准，在进行健身路径的安装时，应避免选择路边和场地范围过小的区域，同时路径的长度应不少于 100 米，器械间要拉开距离，练习者需要以慢跑或快步走来衔接两个器械。

在规划健身路径时，需综合考虑路径的外观特征，以确保器械内容符合路径外观设计别出心裁，色彩搭配和谐的要求，从而成为一道美化城乡社区的风景线。在环境效益方面，路径工程通常选址于一些边缘和角落的空地上，这些废弃的土地和河沟与社区、城市广场和公园的建设完美契合，推动了城市社区和居民小区环境的改善，美化了城市社区环境，丰富了广场、公园和园林的建设内容，成为各城市和社区的一道美丽风景线和独特景观，其环境效益显著。由于健身路径安装在社区街心花园和道路两旁，其中有些健身路径距交通干线较近，汽车尾气和扬起的灰尘污染了健身环境，而大部分健身路径活动为较长时间的有氧练习者，在这种环境参加锻炼将会吸入这些有害气体，对练习者也会造成潜在的健康危害。

（三）全民健身路径建设将更注重质量的提高

从质量上要求坚固耐用、安全。在安全性方面，路径工程比室内健身器材要求更高，其中包括对器材材质、生产加工、外观工艺、安装环境以及使用说明等方面的全面考虑。导致此现象的根本原因在于，路径工程被放置于户外，从而导致其磨损和损坏的程度相对较高；路径工程的使用者涵盖了全社会不同的群体，他们在器材的认知、了解和维护方面存在着差异；器材安全性的要求因使用者年龄而异，年少和年老者对此更为苛刻，同时我国地域广袤，气候多变，各地条件各异。在选择路径工程的材料和外观工艺时，必须充分考虑到不同地区的需求和特点，以确保其适用性和有效性。如南方多雨、北方干燥、西北风沙大、东南地区湿润、部分地区降雨带有酸性成分。因此，在确保总体要求得到满足的前提下，路径工程必须充分考虑使用地区的特殊情况。此外，我国部分健身路径的加工工艺已达到并超越了国际同类产品的水平。例如，钢管封头采用精铸铝半球和全盖帽，既安全，又防水，也很美观；器材零件的连接采用内花型不锈钢螺钉、反孔特制不锈钢螺母、工程塑料附着、高强度玛钢节点连接等新工艺、新技术，提高了器材的安全性和适用性。

器械在购置时要特别注意保证路径设置的器械的质量。加强对城市住宅区体育健身设施的技术监督，确保其配建符合报审、建设及验收各个环节要求，同时对已建成的体育健身设施进行定期或不定期的技术检查，及时发现问题并加以解决，以保障居民健身活动的正常开展，让健身路径逐渐满足大众健身的需要。器材的质量是路径工程保持生命力的根本。建在农村的路径工程维护成本较高，更应强调器材的质量。应通过产品认证、修改完善路径器材标准等方式，加强和提高路径器材在国内的市场准入门槛，保证器材产品的质量和路径器材产业的健康有序发展。在器材采购过程中，要严格执行器材招标采购的有关规定，确保路径器材的质量。

路径工程的形象和实施效果，以及使用者的人身安全，直接取决于路径工程器材及其售后服务的品质。为确保路径工程的效益最大化，必须采购高品质的设备，并提供卓越的售后服务。以对群众、社会、事业负责的态度为指导，管理部门应坚持"质量第一、优中选优""宁可少一点，也要好一点"的原则，并结合生产厂家和科研部门的专业技术标准，对质量不合格的生产厂家采取责令停业或达到标准后再生产的措施，以加强和提高路径工程的质量水平。除了提升器械品质，还需加强居民对保护器械的自觉意识和日常监督维护意识，同时，管理部门应定期进行检查和维护。每年国家和地方都会拨出专项资金，用于对路径工程器材进行定期检查，以确保报废的器材得到及时的修复和更新，从而消除潜在的安全风险。

加强农村基层体育组织建设，动员群众参与监督管理，为路径工程在农村落地提供优质平台，以应对农村乡镇的路径工程这个管理工作中的薄弱环节和难点。在配建路径工程时，建议那些经济条件相对落后的地区，特别是农村地区，应当优先选择坚固耐用、性价比较高的产品，而不是盲目追求价格高、品位高的配套设施，在确保器材质量的同时，积极提高路径工程的覆盖率，以满足更多人群的健身需要。

（四）全民健身路径建设将更注重投资主体的多元化

尽管全民健身工程得到了国家的巨额投资，然而，这类公共公益物品的有效供应却常常面临着不足的局面。此外，这种供应方式实际上是一种预算上的软性限制，缺乏真正的责任主体对其供应的质量和效率负责，而作为公共物品

的健身路径，其供应的有效性最终也难以得到保证。

国家和各级政府本级体育彩票公益金的提存部分占路径工程资金的绝大部分，可通过改善彩票发行情况，增加提存额的方式，为路径工程的实施供应更多的资金。随着地方体育彩票公益金的发行规模不断扩大，相应的配套资金也随之呈现出逐步增加的趋势。近年来，在体育彩票公益金的引领下，随着路径工程的迅猛发展和其对社会的日益扩大影响，社会各界对于路径工程建设的投资热情逐渐被激发，其他部门、城市社区、企事业单位、房地产开发商等纷纷加入路径工程建设的行列，这表明路径工程建设的投资主体已经开始向多元化方向发展，逐步朝着政府和社会多渠道共同参与、共同建设的方向迈进。因此，在积极引导地方加大对体育彩票公益金用于路径工程的投资力度的同时，必须积极寻求多元化的资金来源，以确保体育彩票的资金来源不会垄断，也不会承担全部的经济责任。它是示范性的、导向性的，引导社会的投入，要尽量培育多元化的投资主体。

在建设和维修领域，实现多元化的投资主体是必不可少的。各区县体育局和受赠单位每年拨出专项资金，用于维修经费的支出。另外，还可从本地区实际出发，对于健身者，根据当地的具体情况，可以向其收取低额费用，这些费用不仅可以用于社区维修、体育指导员和管理人员工资等必要开支，还可以用于购买新的路径工程器材，以满足健身需求。

（五）全民健身路径建设将更加注重管理的制度化

1. 管理的制度化

社区管理的旧模式"条块分割、以条为主"已被打破，新体制"以块为主、条块结合"仍未完全理顺。因此，建议政府部门将该工作列入议事日程，并组织相关专家和职能部门深入研究，以尽快解决有关职能部门的权限分工和协作问题。

实施建管并重、责任制健全的措施，同时建立可持续的路径工程管理维护机制和预防风险机制，以确保器材得到及时地养护、维修和更新是有效管理全民健身路径的方式。为确保我国体育设施建设的快速可持续发展，必须制定严格的法律法规，规范体育设施建设标准，加大法规的执行力度，严格遵守《体育法》《公共文化体育设施条例》等法律规定，并采取适当的监督和惩罚措施。

在社区内的健身路径上，街道办作为政府派出机构行使的权力和真正的社区自治间存在冲突，导致管理中责权不一致，设施维护欠缺，形成分散管理、自成体系的特点，社区难以整合为统一的设施管理体系，从而无法发挥社区自身的主动性和能动性。如政府设立健身路径后，将其分配给各街道办事处或社区，由他们负责路径的使用、维护和产权管理，以协调解决使用过程中的相关问题。政府对街道或社区授权征收一定的费用，并与受赠社区、乡镇达成"健身路径使用、管理协议"，以明确受赠单位在健身路径管理方面的责任和义务。政府在宏观经济管理方面扮演着更为重要的角色，在基层的全民健身路径管理中，政府引导的社区自治法与政府直接管理方式比具有明显优势，也是更受欢迎的管理方式。只有在政府的大力支持下，社区居民积极融入健身活动，秉持公平高效的原则，方能确保全民健身工程的长期、稳定和良性发展。在推进路径工程硬件建设的同时，必须加强路径工程科研工作的深入推进和相关服务体系的同步完善，以进一步提升我国群众体育健身的公益品牌形象。

2. 人力资源的管理

要充分发挥健身路径的作用，必须对各种体育资源进行合理地整合和利用，这样才能更好地利用整个社会资源，从而积极促进群众体育的社会化进程。受赠单位是健身路径的主体，其中，体育资源的人力资源比较重要，社会体育指导员、体育教师、管理人员等是开展群众体育的重要人力资源。

（1）健身路径点管理人员管理方式

目前，针对社区健身路径的管理，已有多种高效方式可供选择，包括固定人员管理，聘请退休人员，支付一定报酬，负责日常巡检和器材维护保养等事宜；利用社区指导员的专业优势，将晨晚锻炼点的社区体育指导员转变为体育设施的负责人，负责对健身设施的日常运营和管理；社区志愿者组织的管理工作；通过实行小区居民认养制，使得个别居民能够独立承担日常维护和管理的责任；为了维护健身设施的完好和安全，受赠单位采取了多种措施，包括但不限于社会保险等方式。

针对不同的健身路径锻炼要点，需要采用不同的管理方式。对于在居民小区建设的，可以由居委会等受赠单位为主体，组织经常锻炼的群众建立义务性的维修和管理；而对于在公园、广场等地点或规模较大的健身路径建立的，则可以由受赠单位出面，为下岗或低保人员提供日常管理和锻炼方法的指导，包

括培训维修等。

（2）社会体育指导员的配备要求及任务

为了满足实际需求，每个健身场所都应该配备符合标准的社会体育指导员（每 5 000 人的小区配 1～2 名）。资格培训业务的开展权限仅限于体育主管行政部门或其授权的其他体育组织，而对于通过考核的人员，则会颁发资格证书。对没有经过专业培训、未获得社会体育指导员职业资格证书的人员一律不得参加任何形式的体育健身指导活动（从事体育工作职业的人员除外）。为参与健身的民众提供技术指导，以确保他们正确使用健身器材，降低器材损坏率，并保障市民的安全使用。

推动健身路径的发展，不仅要在技术方面加强对城市住宅区的健身指导员的培训，充分展现体育指导员的引领作用，还要推进社会体育队伍和社会体育工作骨干队伍的建设和发展。推进社会体育组织建设步伐，提升管理人员素质，加强指导员培训和管理，扩大数量的同时，注重质量发展，应大力提升业务素质培训力度，将路径工程的使用、维护和管理视为指导员必备技能之一。为了满足全民健身活动不断发展的需求，我们必须加强群众体育志愿者队伍的建设，提高群众对周围场地器材的自我维护和管理的自觉性。

受赠单位是健身路径的所有者，应积极配合有关部门，联合体育院校招聘在校体育教师，充分利用其人力资源，有条件的地方成立专业指导员队伍负责建设路径教学和锻炼方法的指导，并对主动参加锻炼的积极分子进行培训服务，以使他们成为健身路径义务的组织者和指导者。

3. 管理中维修的制度化

要想保证路径工程发挥长远效益，就需要做好日常的管理与维护工作，这样才能增强人们对于设备的自觉保护意识，延长设备使用寿命，让路径工程可以长久地服务于人们健身。目前，路径工程在全国范围内日常管理与维护呈现两大形态，一是无偿管理即受赠单位授权志愿者或者社会体育指导员承担日常管理工作，不需要为管理人员付费。另一种是有偿管理，由受赠单位委派专人负责管理，并向这一群体的劳动者提供必要的物质补贴。

在健身路径的使用中，无论管理是否收费，器械的保养、维修方面的经费都是必须解决的问题。但目前路径工程在管理维护、更新淘汰方面遇到一些困难。因此，要根据因地制宜、具体情况具体措施的原则，淘汰更新路径器材，

力求节约和降低成本，以各种器材的使用年限和磨损情况等为依据，留住能够持续正常运行的设备。对破损严重、功能受限的设备必须更新淘汰，各生产厂家要尽快将更新淘汰后的设备回收和使用。为了保证健身器材在更新与淘汰过程中满足操作性较强的技术标准与基础，也为了避免因为维修任务违背健身器械设计原则与准则，从而造成维修质量降低，资源浪费等问题，最终对健身路径使用率造成影响。

实现路径工程的可持续发展，解决其维护和更新问题，使其更具活力，这是一个新的课题，需要不断更新观念，创新完善工程建设和管理理念、模式、机制，创新器材的品种和功能，并加强对利用路径器材进行健身的指导。政府在资金投入方面需要进一步加大力度，以促进经济发展和稳定；在另一方面，可以与社区办事处进行磋商，由该机构适当地注资，并将器械管理纳入议事日程，制订规范的管理条例。如果社区办事处的执行出现问题，体育局和市政府等相关部门有权对其进行相应的惩罚措施。

当前所面临的维修难题是及时制订颁布一套完善的维修员制度。

一是针对全民健身工程（点），建立一个三级管理网络，即区、街镇和社区三方共同管理和负责。在各个镇街，明确了各自的分管领导和管理责任人，并与各社区保持紧密联系，同时定期进行监督检查。

二是为确保社区健身工程（点）器械的完好和可持续使用，必须委派专人进行管理和维护，并按照健身路径设计的标准进行维修。

三是每季度对各区县体育局进行例行检查和奖惩。对于由于管理不善造成器材损坏、伤害事故等问题，区体育局要扣减下一年度内所属健身工程（点）的建设规划，对于管理工作表现突出的给予奖励。

四是对于健身器材的维护，各镇街每年都会拨出一定的专项经费，以确保其得到有效地管理。每个街道和社区都会定期组织人员对工程点进行检查每年不少于四次，并填写《全民健身工程点管理定期检查情况记录表》，如果发现器材损坏，无法进行修复，就必须立即进行报修。对存在安全隐患的器材，应当张贴告示，对其进行封闭，避免伤害事故的发生。

五是制订巡修制度，规定巡修员每个月需要例行检查两次，期间须填妥详细检查记录表后，由巡修员个人、社区负责人和街镇体育干事三方会签完成，最后记录表于当月寄至区局。发现问题后，应立即在现场采取措施加以解决，

保证问题的妥善解决；不能解决问题的要及时向上汇报，对有问题的地方要贴警示标志或者用封闭器材处理，街道体育干部及有关人员要按月检查，社区社会体育指导员也要兼任义务监督员。

4. 加强全民健身互动宣传的力度，营造良好的健身氛围

不同级别的健身路径系统部门应结合自身特点，发挥自身优势，利用多样化手段积极参与到全民健身路径宣传中去，开展多种健身路径有关活动，广泛普及科学锻炼方法，不断扩大全民健身路径在人民群众中影响，增强群众在健身路径方面的兴趣。

第一，应充分利用多种媒介和手段，如电视、广播、互联网、公益广告等，广泛宣传全民健身活动的意义和作用，并在下一阶段重点强调群众性体育锻炼的科学化和有效性，以实现全民健身活动质量的显著提升。通过运用路径工程，结合地域、人群等实际情况，开展形式多样的群众性体育健身、游戏、竞赛等活动，发挥社区社会体育指导员和社区体育积极分子的作用，引导群众进行科学的锻炼，以提高人们对路径工程的认知和了解，增强群众锻炼的积极性和自觉性，从而扩大锻炼人群和体育人口的规模。

第二，在路径工程的健身点设置标志牌、路径工程器材功能牌和健身须知牌，明确器材的使用方式和健身者的责任，并定期对这些软件设施进行检查，以推广路径工程的科学使用方法。现有的路径健身指南导向牌过于简略，因此需要在各个器械的醒目位置提供详细、易于理解的文字说明，以指导人们如何进行健身。为了提升路径培训班和趣味性比赛的社会化和科学化水平，以更好地发挥其社会效益，定期举办这些活动是必要的。对健身路径的推广和使用也将有重要影响。

第三，作为健身路径的所有者，受赠单位可以直接管理健身路径，通过全民健身公益广告画或宣传橱窗，以及全民健身路径健身知识丛书、宣传小册子等多种形式进行宣传，同时也可以定期或不定期举行全民健身咨询，这些都是非常有效的宣传手段。

第二章
全民健身的法律及政策

本章针对与全民健身有关的法律及政策作了简单介绍，主要从全民健身的法制及法律概述、全民健身的系列政策及解读两个方面入手，对相关系列法律政策作了分析。

第一节　全民健身的法治及法律概述

一、全民健身法治概念

（一）全国健身法治的含义

法治是建立在民主基础上，用法律管理国家与社会的手段、途径与成果的统称。它包含着社会制度和社会秩序状态，是一种整体化的社会模式①。

"全民健身法治"与"全民健身法制"的含义不同。"全民健身法治"是指法律在全民健身活动中存在的状态，是区别于经济、政治、文化的法律制度，是以民主政治为内容的法律制度在全民健身活动中的规范调整，是民主的法律化制度化。"全民健身法制"一词有几个方面的含义。第一种含义是国家所制订的法律和制度，专门针对全民健身活动中的各种行为进行调整和规范，即法

---

① 冯海涛，肖冰，宋志强. 新时期全民健身的实践研究［M］. 北京：光明日报出版社，2016.

律制度的总和；第二种含义涉及全民健身活动的立法、执法、司法、法律监督等多个环节，构成了法制运行的完整过程。我国的全民健身法制是以我国的民主法制建设为指导，规范和管理各种健身活动的法律制度及其运行。

在全民健身活动中，国家权力按照既定的法律规范进行运作被称作"全民健身法治"。它基本运作模式包括四个方面：一是在法律价值方面，要建立以全民健身权利为基础的全新格局，以实现从义务为中心向权利为中心的转变法律价值新趋向；二是在法律地位方面，在全民健身活动中，确立法律的至高地位，确立法律的至高权威；三是在法律的运行方面，须建立一个独立而合理的法律运作机制，以构建一个完善而高度专业化的法律组织系统和职业；四是在法律的功能方面，实现全民健身活动中法律的社会化，将其渗透至健身活动的各个领域，为广泛的健身活动提供知识和法律技术支持。

（二）加强全民健身法治的必要性和意义

1. 发展社会主义市场经济是全民健身体育的需要

全民健身法治是市场经济与体育社会化规模扩大，体育与市场有机统一的内在要求，是作为最广大人民的体育健身权利实现的根本保障。全民健身法治是以保障人的健身权利为重要特征和使命的，而市场经济是强调权利保障的，市场经济条件下的全民健身活动的开展需要加强法治建设，确认主体资格，指导健身活动，保护主体的正当权益，维护健身市场的秩序等。由此，在以市场为取向的全民健身活动中，须不断强化公平正义、权利平等的意识和加强全民健身立法，建立良好的健身法治环境。

2. 有利于国家法治进程的推进

我国全民健身活动的实施与开展，人民健康素质的切实提高与其建立健全相应的组织机构、制定必需的法规政策、形成自上而下的管理体制密切相关。健身法律法规可以将国际和国家关于健身体育的方针、政策、制度、措施等用法律的形式固定下来，保障各项活动都依法进行，实现健身活动的制度化、法律化，保证全民健身体育稳步持续发展，推进国家法治进程。

3. 是我国体育事业协调发展的保障

在体育法治建设中，全民健身法治得到了迅速的发展。但与竞技体育相比，全民健身活动的开展仍然滞后。进行全民健身法治建设，一个重要的任务是通

过现代法治的积极功效来促进全民健身事业的发展，从而使全民健身与竞技体育的配置比重与发展趋向均衡，实现各类体育的协调发展。

二、我国全民健身法治建设的特点与任务

（一）我国全民健身法治建设特点

1. 政府推进

目前，我国全民健身方面的法律法规绝大多数是由政府机关制定，如国家体委发布的《关于公共体育场馆向群众开放的通知》、国家体育总局发布的《关于加强老年人体育工作的通知，广东省关于进一步加强全民健身工作的意见》以及国家体育总局、公安部、民政部颁布的《关于加强健身气功活动管理有关问题的意见》等，均是由政府体育主管部门或联合其他有关部门出台的法律法规。这些法律法规多为政府监管等方面的内容。

2. 立法层次低

国务院颁布的《中共中央国务院关于进一步加强和改进新时期体育工作的意见》和《公共文化体育设施条例》两部法律法规，是从较高层面对健身活动有关内容进行规范，是我国健身法制建设的基础性法律文件。除此以外，绝大多数有关健身活动的法律规范是部门规章和规范性法律文件以及地方性法规，如《国内登山管理办法》《"十一五"群众体育事业发展规划》《关于加强健身气功活动管理有关问题的意见》等几十部法规，从内容上看，具有时效性和实践性强的法规不多；从法律的位阶上看，部门规章之间、部门规章与地方性法规之间尚不完全协调，甚至有些地方相互冲突。

3. 不平衡

第一，区域发展不平衡。东部地区因健身活动的良好发展和有关地方性法律法规的出台，其健身市场比西部地区更规范；第二，健身法治内容不平衡，当前的健身法律法规中主要是关于体育彩票、学校体育、体育场馆、健身俱乐部等方面的规定。

（二）我国全民健身法治建设的任务

1. 促进以法治文明为特色的健身活动

在我国群众体育事业蓬勃发展的同时，也不可避免地遇到一些矛盾和难

题。一是人民群众对多样化体育需求的不断增长、群众体育物质基础的薄弱和群众体育资源的短缺之间的矛盾，尤其是公共体育资源的不足，导致公民享有基本体育服务的保障面临着巨大挑战；二是群众体育管理的滞后和群众体育发展的快速多变之间的矛盾；三是公民在享有平等体育权益的同时，也面临着机会不平等的挑战。这些挑战造成了群众体育事业城乡差异、区域差异以及不同群体间发展不平衡。

2. 建立健全健身法规体系

法律制度为保障和促进全民健身活动开展提供了最为基本的制度保障。当前，应从国家层面尽快制订完成《全民健身条例》，从公共体育设施、社会化健身活动、组织网络和健身活动骨干队伍、加快发展全民健身服务市场、改革健身体育管理体制、健身法律责任等多方面立法规范，加快健身体育法治化进程，逐步建立群众体育法规体系。

3. 加强健身活动法治宣传教育

提高公民的健身法治意识，加强立法及加大法治宣传教育工作，强化健身活动法律保护宣传，增强广大人民群众健身意识及科学健身知识，完善群众健身方法科研、技术推广及科普工作的法律保障。

三、全民健身法治建设的基本原则

在考虑到中国国情状况和健身体育发展规律的前提下，全民健身法治建设应当遵循如下原则。

（一）协调全民健身法治建设与人的关系

和谐社会是以人为本的社会，用法律语言表述，"以人为本"就是以人们的权利为本，以人权为本。公民的健身权利和权益保障是国家提供的体育公共服务，是人和社会的全面发展的根本体现。在国家法治秩序的建构中，人的主动性、创造性对法制进程发挥积极的推动作用。全民健身法治建设，对于倡导健康文明的生活方式、形成和谐的社会精神风貌、促进健身活动的公平有序有一定的渐进性和自发性的推进。加强全民健身法治建设、倡导民主和谐、形成良好的社会秩序状态是健身法治建设的根本方向和追求。

（二）坚持政府推动与全民参与相结合

按照国家法治建设的一般理论，我国全民健身法治的推动是由政府自上而下进行的。政府作为一种最典型、拥有最广泛公共权力的公共机构，应当承担必要的公共服务供给的法定职责。从制度安排、服务方式、服务范围及职责等方面自上而下进行强制性的法律变迁。而健身法治化也必须依靠社会中多元化权力和利益的推动，自下而上、自民间向国家提出诉求的自发性法律变迁，即依靠社会的、民间的自然生成的制度、规范、力量。

在我国，全民健身法治的推进需要从根本上提升和加强公民的健身法治意识和健身权利观念，具体表现为对市民提供行之有效的法制条件与保障，通过调动与发挥市民的积极性与创造性来构建国家与市民良性合作与促进的全民健身法治动力系统。

（三）坚持健身法治的民族化、国际化发展

人类社会正在逐渐从以人为本的治理模式向以法治为核心的治理模式转变，这是历史和法律发展的必然趋势。尽管存在社会制度和意识形态差异，但世界各国共同追求法治作为共同目标，这是由法治的普遍性所决定的。现代中国已经逐步融入全球法治潮流，我国的健身体育法治发展正以前所未有的速度进行，与世界其他国家一道推进国际健身体育的法治进程，接受国际规则，遵循国际惯例，实现健身体育的法律移植并进行本土化创新。

当然，中国的健身体育法治具有中国的特色。在本国的土地上，健身、体育和法治的发展是不可避免的产物，这是由本国国情决定的。

（四）坚持社会需求和效益协调发展

法治的社会需求是有支付能力的社会法律需要，是反映社会多方面的社会需求，既要满足现实的，又要满足未来趋势的发展需求。社会需求决定着法律的质，也制约着法律的量。目前，我国健身法律还不能完全满足各个方面主体的实际需要。

在我国，健身体育法治建设，要以社会需求和社会效益为先导，坚持健身体育法治的协调发展。既要考虑健身体育法治建设与经济基础、上层建筑的关

系，又要协调法治内部关系。同时还要考虑立法、司法、守法之间的协调发展，健身法律法规体系的协调，健身体育法治理论与实践的协调。

（五）坚持正式制度与非正式制度相结合

人类创造的具有强制力的法律、法规和政策等，构成了正式制度。一般而言，国家法律、政府政策条例、公司规章、合同等都是其组成部分。非正式制度指的是自发形成的制度，其包含文化传统、道德观念、价值取向、伦理规范、风俗习惯、意识形态等内容。法治追求的是形式合理性的正式程序。民间非正式制度的存在也有其合理性，往往代表着一般民众日常生活的意义，因其具有实效性、权威性、经济性、自发性、内生性等特点，与民众有较强的亲和力，所以更注重法律的地方性、实效性。在我国健身体育法治建设过程中，应更多考虑国家正式制度与非正式制度的契合，既要重视国家正式制度的安排，又要贴近国情和民情，促进地方健身体育法律的发展。

四、全民健身法律性质

全民健身是一项公益事业。在《关于进一步加强和改进新时期体育工作的意见》中，中共中央、国务院明确指出："群众性体育属于公益事业"。全民健身作为一项关系到全民族健康素质的公益事业，其发展的关键在于政府。政府通过公共财政提供公共物品和公共服务，以确保广大人民群众能够享受到基本的体育公共服务。

（一）全民健身活动的法律地位

1.《中华人民共和国宪法》和有关法律对社会体育地位的明确

《中华人民共和国宪法》第 21 条规定"国家发展体育事业，开展群众性的体育活动，增强人民体质"，第 22 条规定"国家发展为人民服务、为社会主义服务的文学艺术事业、新闻广播电视事业、出版发行事业、图书馆博物馆文化馆和其他文化事业，开展群众性的文化活动"[①]，这些表明了健身体育活动在经济和社会发展中的重要地位。

---

① 潘华山. 运动医学. 北京：中国中医药出版社，2017.08.

2.《中华人民共和国体育法》对健身体育活动的规定

《中华人民共和国体育法》中专章规定了社会体育的内容，表明社会体育是整个体育领域非常重要的组成部分。特别是《中华人民共和国体育法》中"国家发展体育事业，开展群众性的体育活动，提高全民族身体素质。体育工作坚持以开展全民健身活动为基础，实行普及与提高相结合，促进各类体育协调发展"，充分反映出全民健身活动在体育发展全局中所具有的根本性和基础性地位。同时，明确规定："国家提倡公民参加社会体育活动，增强身心健康""地方各级人民政府应当为公民参加社会体育活动创造必要的条件，支持、扶助群众性体育活动的开展"，明确国家对发展健身体育活动的态度和责任，表明健身体育活动是国家高度重视并组织发展的一项社会公益体育事业。

3. 其他法规规定

除上述两部法律外，国务院颁布的有关行政法规和国务院体育主管部门以及其他有关部门颁布的许多规章和规范性文件，都有关于健身活动的规定，指导和促进着全民健身活动的开展。中共中央、国务院《关于进一步加强和改进新时期体育工作的意见》作为新世纪体育发展纲领的法规性文件，强调了健身体育在增强人民体质等方面的重要作用，进一步将"以满足广大群众日益增长的体育文化需求为出发点，把增强人民体质、提高全民族整体素质作为根本目标"作为新时期发展体育事业指导思想的重要内容，明确指出："开展全民健身活动，增强人民体质，是体育工作的根本任务，利国利民、功在当代、利在千秋的事业。体育工作一定要把提高全民族的身体素质摆在突出位置。"并提出"努力构建群众性的多元化体育服务体系"的任务要求，为我国整个体育事业和社会体育的发展指明了方向。

（二）全民健身的法律依据

全民健身法律是关注人民健康的法，是保障人民健身权益的法。其相关法律依据主要有：《中华人民共和国宪法》《中华人民共和国体育法》《公共文化体育设施条例》等部门规章、地方性法规及各级规范性法律文件等。

《中华人民共和国宪法》是我国体育健身活动最根本的法律依据，在我国法律体系中处于最高的位阶。《中华人民共和国宪法》第21条"国家发展体育事业，开展群众性的体育活动，增强人民体质"的规定，就是以最高法的形式

对全民健身活动提供了直接的依据，从根本上保障了人民的健身权益。

《中华人民共和国体育法》是全民健身活动的直接法律依据。《中华人民共和国体育法》在公民的健康权、社会经济权利和文化权利等方面发挥了重要的作用，对我国公民的健身体育权直接或间接地作了规定。如《中华人民共和国体育法》第十一条："国家推行全民健身计划，实施体育锻炼标准，进行体质监测。国家实行社会体育指导员技术等级制度。社会体育指导员对社会体育活动进行指导。"《中华人民共和国体育法》作为体育的基本法律制度，是指导和规范健身法制建设的一部法律，是我国全民健身活动开展的直接法律依据。

《全民健身纲要》首次以规范性法律文件的形式对我国群众体育进行全面系统地规划和规范，成为我国新时期全民健身事业发展的纲领性文件和重要的法律法规依据。

《关于进一步加强和改进新时期体育工作的意见》作为中共中央、国务院共同出台的指导体育工作和体育事业发展的规范性文件，对当前的各项体育工作起着根本指导作用。《关于进一步加强和改进新时期体育工作的意见》提出："大力推进全民健身计划，构建群众性的多元化体育服务体系。"

国家有关部门起草制订了指导全国健身活动的法律规范——《全民健身条例》，让广大的人民群众在法律保护下作为一种权利来得到保护，进而更加积极地投身到健身体育活动当中。

全国许多省市相继出台了地方性的《全民健身条例》，根据各自条件和体育发展的实际，对全民健身活动的基本内容、服务体系、保障条件和法律责任等几个方面作了规范，是地方全民健身活动开展的重要法律依据。

（三）全民健身法律关系

法律关系，是指在人们的社会生活中，依照法律的规定在相互之间所结成的一定的社会关系，即法律规范在调整人们行为过程中所形成的法律上的权利和义务关系。

全民健身法律关系，是指由健身法律规范所确认和调整的，表现为法律关系主体之间权利义务关系的社会关系。

在健身活动中，人们彼此间要产生各种各样的联系，即社会关系。健身领域的法律关系呈现出如下特征。

（1）在健身活动中，健身法律规范体现了健身法律关系，其是通过现行健身法律规范确认和调整的。

（2）健身法律关系的根源在于社会物质生活条件，它是由健身体育社会关系和健身法律的性质和内容共同塑造的，归属于上层建筑的范畴之内。

（3）健身法律关系是由国家强制力保证实施的社会关系。

健身法律关系构成要素有三个，即健身法律关系主体、健身法律关系客体和健身法律关系内容。

（四）全民健身活动主体

全民健身活动的主体是指全民健身活动的参加者，即在健身法律关系中享有权利和承担义务的主体，也被称为"健身权利主体"或"健身义务主体"。

作为健身法律关系的主体之一，国家有责任确保公民享有基本的体育公共服务，使公民能够在体育活动中获得实惠，从而实现全民族健康素质的实质性提升。这是由群众体育事业的公益性质以及公民所享有的体育权益决定的。政府应提供更多的健身公共服务，这是政府很重要的责任。

公民是健身法律关系上权利义务的另一重要主体。公民是全民健身活动的主要参与者，依法享受健身权利和承担健身义务。这里的公民是指民法意义上的公民概念，既包括中华人民共和国公民，也包括在华的外国人、无国籍人士。

国家体育行政机关和其他国家机关是依照《组织法》《中华人民共和国体育法》建立起来行使体育健身活动管理职权的行政主体。国家体育总局是全国性健身活动的业务主管部门，地方各级人民政府的体育主管部门是当地健身活动的业务主管部门。

其他企事业组织和社会组织是具体配合政府组织公民实施健身活动的社会组织。如学校从设施、器材、教育、医疗保障、医疗抢救等方面加强管理责任。

五、全民健身法律制度

有学者按体育的分类研究健身体育法律制度，也有学者从健身组织运行的角度研究全民健身的法律制度。

制度在管理活动中发挥着重要作用，制度是一套规范人们行为和相互关系

的行为准则。全民健身法律制度是一项规范体育健身活动中一系列行为的法律文件和相关政策，其目的在于解决全民健身的实际问题，提高全民族健康水平，增强人民体质。该制度由国家主办，以全民健身活动为主要内容的法律规范，具体有以下几个方面的法律制度。

（一）全民健身管理制度

政府应逐步建立全民健身领导体系和组织网络，为开展全民健身活动提供组织保证。如政府成立全民健身工作委员会或基层组织，以体育社团、体育俱乐部、街道办事处体育活动中心为主，构成基层健身体育管理体制等。充分发挥工会、共青团、妇联等社会各界和各行业办体育的积极性，形成国家办、集体办、社会各行各业办、个人办的多渠道、多层次、多形式开展全民健身活动的新格局。

（二）健身锻炼标准与体质监测制度

政府应当积极开展健身咨询、体质测试、健身竞赛等活动，鼓励支持民族民间体育项目的开展。实行国家体育锻炼标准制度和国民体质测定与监测制度，鼓励开展课余体育竞赛活动，使体育节、体育兴趣小组、学校体育俱乐部等成为中小学体育活动的新形式。建立国民体质监测体系，实行社会健身指导员制度和农民健身工程。

（三）全民健身服务与设施制度

政府应投资兴建、改建、扩建、新建的大型公共体育场馆；学校的体育设施通过不同形式向社会开放；鼓励社会力量投资兴办健身设施；实行健身服务认证制度，包括认证机构与认证人员，认证证书、认证标志与认证标牌，申请流程，认证审查，认证收费等方面。

（四）全民健身产业制度

为了实现国家宏观经济和社会发展目标，国家应制定具有指导性的计划和产业政策，并运用财政、金融等经济手段对市场主体的利益进行影响，以调节地区、产业和市场主体的行为，从而合理地配置资源，直接指导健身

经营活动。同时，国家通过制定体育产业政策，借助财政、税收、金融、价格等宏观调控法律制度对企业活动加以调控，协调地区、部门、企业间的关系。此外，国家应通过加快立法促进体育彩票、健身用品、健身休闲娱乐市场迅速发展。

（五）全民健身法律保障制度

全民健身法律保障制度主要是指健身活动伤害制度，如校园设施伤害问题，公共健身设施伤害问题，健身活动中猝死问题等；健身体育事业经费制度，如在政府财政中单列健身事业经费和基本建设经费，体育彩票公益金分配比例，健身设施投入比例等保障；健身活动安全保障制度等。

（六）全民健身法律救济制度

"救济"不同于一般意义上的"困难救济"，这里的法律救济是指通过特定的程序和途径来解决纠纷，从而为那些受到权益损害的相对人提供法律上的救济。法律救济制度是民主政治和法治建设的结果。实施健身法律救济制度的根本作用在于有效保护参与健身活动的人民群众的合法权益。一般意义上讲，法律救济途径有三种：诉讼渠道（司法解决）、行政渠道（行政申诉、行政复议等）、其他渠道（调解、仲裁等）。

六、全民健身法律责任

法律责任与一般意义上的"尽职尽责""岗位责任""职责"的内涵不同。法律责任是一种特殊的社会责任，它直接反映人们之间的法律关系。就法律责任而言，我们需要从两个角度来理解：一方面，它是一种法律义务；另一方面，它是指由于违法行为、违约行为或法律规定而产生的不利法律后果。

（一）法律责任的定义

国家对违反法定义务、超越法定权利或滥用权利的违法行为所作的否定性的法律评价，即健身法律责任，是国家强制责任人对受到侵害或损害的合法利益和法定权利进行补偿和救济。在理解健身的法律责任时，需要特别关注以下几个方面的问题。

1. 健身法律责任与违法行为紧密相连

健身法律责任是由于违反健身法律法规及其他有关健身活动的法律法规的行为而承担的法律后果。这一违法行为既包括侵犯参加健身活动的公民的财产权、人身权、知识产权等合法权益，也包括扰乱健身活动正常的市场秩序、社会秩序，危害健身活动安全等行为。

2. 健身法律责任的责任主体是法律后果的承担者

国家作为健身活动的重要主体，其承担保障公民健身的法律义务，否则将承担补偿、赔偿和救济的法律后果。公民在健身中享受权利的同时，也应该同时承担保护其他公民的健身权利，不得有违反健身法律规定或其他法律规定而侵犯其他公民、企事业单位和社会组织健身权益的行为，否则将承担不利的法律后果。

3. 健身法律责任具有国家强制性

健身法律责任是通过国家的强制力来保证实施的。当事人如果不主动履行法律责任，国家会采取相应的措施，包括使用强制力，以确保法律责任的履行。这是为了维护公共秩序、保护公民权益和促进社会稳定所必需的措施。

（二）法律责任的种类

法律责任的种类也是法律责任的各种表现形式。根据主体法律地位和违法行为的性质，健身法律责任可分为行政法律责任、民事法律责任和刑事法律责任三种类型。

1. 健身民事法律责任

健身民事法律责任是指在健身活动中破坏平等关系而产生的民事侵权行为和违约行为。健身民事违法性主要是侵权关系和违约关系。其法律责任一般是指由于民事违法行为而承担的法律后果。在全民健身的现在有关法律法规中，就有相关规定：如《中国体育彩票全民健身工程管理暂行规定》第二十五条："损坏全民健身工程设施的，受赠单位酌情责令其赔偿或修复；侵占和故意破坏全民健身工程设施的，受赠单位责令其赔偿损失，并依法承担相应的法律责任。"其他若干法规政策中也有相关规定。

2. 健身行政法律责任

健身行政法律责任是指行政法律关系主体由于违反健身法律法规所规定

的行政法律义务而承担的法律后果。国家行政机关及其体育主管部门、文化部门和其他政府有关部门在健身活动中应承担的法律责任，具体分为行政处罚（如通报批评、罚款等）、行政处分（如警告、记过、降职等）。

3. 健身刑事法律责任

健身刑事法律责任是指在健身活动中因刑事违法性而承担的不利后果。即因为犯罪行为必须承受的由司法机关代表国家所确定的否定性法律后果。

第二节　全民健身的系列政策及解读

一、体育规划制度

（一）体育发展规划

2006 年的《体育事业"十一五"规划》，要求深化体育改革、进一步完善了体育体制和运行机制。

"十二五"时期，是我国社会科学发展、和谐发展的关键时期，是建设体育强国、推进体育事业实现新发展、新跨越的重要阶段。为促进我国体育事业的全面持续发展，2011 年，国家体育总局颁布实施《体育事业"十二五"规划》，强调加快发展体育产业，增强体育产业竞争力，明确了新时期我国体育事业要朝着服务民生、完善体育公共服务体系、发展特色体育产业等的方向发展。

为促进我国体育全面协调可持续发展，努力实现体育强国目标，充分发挥体育在建设健康中国等方面的独特作用，2016 年，国家体育总局颁布实施《体育发展"十三五"规划》，明确未来五年体育人口、体育基础设施、体育产业规模发展目标。

2016 年，《青少年体育"十三五"规划》颁布实施，要求加强青少年体育、发展体育人才、建设体育强国。

（二）体育发展制度

近年来，我国重视体育产业的发展，体育产业在国民经济发展中的地位不

断得到肯定，并且国家也支持和促进体育作为新的经济发展推动力，从各个方面带动我国经济的发展。

体育事业的发展对全民健身具有重要促进作用。从体育制度的颁布与实施来看，体育制度能在全社会层面增强社会大众对体育的关注与重视，增强国民体育参与意识。

总体来看，我国的体育发展制度包括两大类，即正式制度层和非正式制度层。体育产业发展相关制度与全社会的体育价值观念、体育伦理规范、体育道德观念、体育风尚习惯、体育意识形态相互影响，共同促进了体育事业在经济领域的发展和在大众领域的发展。

二、全民健身系列政策

（一）《全民健身计划纲要》（2001—2010 年）

从 1995 年我国最早颁布实施《全民健身计划纲要》，到进入 21 世纪，我国全民健身的大众体育健身观念已经初步形成，结合具体文件内容，中国特色"全民健身"体系框架已经初步形成，第一期工程预期目标已经实现，为全民健身事业注入了新的活力。

为实现我国未来十年经济建设和社会发展的长远目标，同时实现《2001—2010 年体育改革与发展纲要》的具体要求，国家颁布《全民健身计划纲要》（2001—2010 年），揭开了"全民健身"第二期工程的帷幕。

1. 目标

《全民健身计划纲要》（2001—2010 年）的具体目标如下。

（1）经过 10 年努力，实现全民健身、国民经济、社会事业的协调发展，全方位快速提升国民身体素质，构建具有中国特色的全民健身生态系统以及面向广大民众的体育服务网络体系。

（2）随着时间的推移，广大民众对体育的普及程度显著提升，社会各界对体育的认知和重视程度也得到了普遍加强。

（3）体育人口增加至占总人口的 40% 左右。

（4）人均体育场地面积显著提高。

（5）城乡健身体育设施有效改善。

（6）显而易见的是体育指导站（中心）的数量呈现出明显的增长趋势。

（7）社会体育指导员人数超过 65 万。

（8）青少年课外体育活动阵地有较大发展。

（9）群众体育管理体制逐步完善。

2. 措施

（1）加强有关部门在推广全民健身计划方面的责任和义务。

（2）全民健身计划的推广被各级体育行政部门列为工作的重中之重。

（3）加强青少年体育工作。

（4）加强农村体育工作。

（5）加强城市体育工作。

（6）关注老年人、残疾人体育。

（7）倡导民族传统体育。

（8）重视军队体育。

（9）加大全民健身宣传力度。

（10）开展"五个亿万人群"（亿万青少年儿童，亿万农民、亿万职工、亿万妇女、亿万老年人）健身活动。

（11）推进群众体育科技进步，加强全民健身研究与服务工作。

（12）加强体育指导站（中心）建设。

（13）加快培养社会体育指导员。

（14）加快体育健身场地设施建设和开放。

（15）加强相关法规建设。

（16）增加全民健身资金投入。

（17）继续利用体彩公益金服务全民健身。

（18）实行国民体质监测制度。

（19）加大对西部地区和经济落后地区的全民健身扶持。

在"全民健身"第一期工程目标完成的基础上，《全民健身计划纲要》（2001—2010 年）为我国进入 21 世纪第一个十年中持续推进全民健身活动开展，以进一步增强人民体质，适应我国社会主义现代化建设的需要提供了方向与措施指导。

（二）《全民健身计划（2016—2020）》

新时期，为了更好地适应当下我国社会发展和满足人民群众的健身需求，并为继续推进我国全民健身的发展，《全民健身计划（2016—2020 年）》应运而生。

2016 年 6 月，国务院通过并颁布实施了《全民健身计划（2016—2020 年）》，为我国此后五年的全民健身活动开展提供了明确指导意见和目标，为新时期的全民健身新时尚、建设健康中国等一系列全民健身工作内容作出了具体部署，明确指出要"深化体育改革、发展群众体育、建设健康中国"。

1. 目标

《全民健身计划（2016—2020 年）》指出，到 2020 年，全民健身工作开展应实现如下主要目标。

（1）群众体育健身意识普遍增强。

（2）随着时间的推移，参与体育锻炼的人数呈现出明显的增长趋势，每周至少有一次体育锻炼的人数高达 7 亿，经常参加体育健身的人数达到 4.35 亿。

（3）群众身体素质稳步增强。

（4）全民健身的教育、经济和社会等功能充分发挥，体育消费总规模达到 1.5 万亿元。

（5）建立建成与小康社会相适应的全民健身公共服务体系。

2. 措施

围绕全民健身，做好以下工作。

（1）完善工作机制。

（2）加大资金投入。

（3）建立评价体系。

（4）创新激励机制。

（5）强化科技创新。

（6）加强人才队伍建设。

（7）完善法律政策保障。

"全民健身计划"系列文件的推出，对国家健身事业的发展和国家未来各方面的发展具有重要的促进意义。

三、全民健身相关政策

（一）《"健康中国 2020"战略研究报告》

2012 年 8 月 17 日，在"2012 中国卫生论坛"上，卫生部部长陈竺代表"健康中国 2020"战略研究报告编委会发布了《"健康中国 2020"战略研究报告》。报告提出，到 2020 年，应实现以下 10 个目标。

（1）人均寿命达到 77 岁，5 岁以下儿童死亡率下降到 13%。

（2）增进社会卫生公平。

（3）健全医疗保障制度。

（4）控制慢性病蔓延和健康危险因素。

（5）强化传染病和地方病防控。

（6）确保食品药品安全。

（7）依靠科技发展中医药。

（8）继承创新中医药。

（9）发展健康卫生产业。

（10）履行政府监管职责。

"健康中国 2020"战略研究的提出非常及时，为新时期的全民健康发展提供了重要决策参考。

（二）《"健康中国 2030"规划纲要》

2016 年 8 月 26 日，中共中央政治局召开会议，制定通过《"健康中国 2030"规划纲要》，之后在 10 月 25 日由中共中央、国务院正式发布《"健康中国 2030"规划纲要》（以下简称《纲要》）。该文件明确提出，"发展群众体育产业，促进全民健身与全民健康的深度融合"。

《纲要》为"健康中国"建设的持续进行提供了新的参考，并设以专门的章节更新全民健身，足以凸显其重要性，赋予了全民健身新的内涵与社会意义。

1. 战略意义

（1）新时期，中国特色社会主义进入新时代，在社会方面的矛盾和冲突也发生了非常明显的变化，这一时期，实施《纲要》是贯彻落实党的十八届五中

全会精神的重要表现。

（2）我国全面建成小康社会、推进社会主义现代化进程的步伐，因《纲要的》颁布实施得到进一步加速。

（3）《纲要》的颁布和实施，从某种程度上来说是我国参与全球健康治理，同时积极履行对联合国"2030可持续发展议程"承诺的关键性举措。

2. **战略主题**

（1）"共建共享"

"共建共享"是建设"健康中国"的基本路径。

在"共建"的过程中，需要综合考虑社会、行业与个人三个方面，形成强有力的合力，以维护和促进健康为目标，让每个人都积极参与并尽最大努力，具体而言就是人人参与和尽力。

"共享"，强调健康中国建设的所有成果应人人享有。

（2）"全民健康"

"全民健康"是建设"健康中国"的根本目的。建设"健康中国"，必须要立足全人群和全生命周期两个着力点。

"全民"是指全体国民，每一个中华人民共和国的国民都能受惠，同时，重点关注特殊人群的健康服务，致力于解决老年人、儿童等人群的健康问题，以确保他们的身体健康得到充分的关注和照顾。

"全生命周期"是指从出生到死亡，人的一生的健康都应该被纳入国家健康服务体系，确保广大人民群众能有健康的人生和高质量的生活水平。

3. **战略内容**

（1）普及健康生活

① 加强健康教育

第一，提高全民体育文化素养，重点推进系统、全面的学校体育教育的开展，同时，重视通过社会体育教育丰富大众体育健康。

第二，加强学生健康教育。青少年学生作为我国国家和社会未来的建设者和接班人，也是全体大众的一个特殊组成群体，学生的健康教育对学生的家庭、整个社会有辐射作用。

② 塑造自主自律的健康行为

第一，倡导合理膳食。养成良好饮食习惯，避免快食、节食，避免长期食

用快餐、过度食用垃圾食品等，一日三餐，食物多样化。

第二，控烟限酒。加强健康宣传，同时进一步落实"禁烟令"，为大众创造良好健康休闲环境与社会休闲氛围。

第三，促进心理健康。不断建立健全社会心理健康服务体系。

第四，降低不安全行为的发生率。

第五，降低毒品的危害程度。

第六，强化社会治安的治理与维护。

③ 提高全民身体素质

第一，建立全面完善的全民健身公共服务网络，到 2030 年真正实现县、乡与村三级公共体育设施网络的基本建设。

第二，积极推行国家体育锻炼标准，促进我国传统体育项目与文化活动的推广和发展。

第三，加强身体和医疗领域的融合，实施非医疗健康干预措施，同时发布健身活动指南，优化和完善健康监测机制。

第四，关注特殊人群的健康与体育健身参与情况。

（2）优化健康服务

① 强化覆盖全民的公共卫生服务

第一，精心策划和实施重大疾病的预防和控制工作。

第二，重视人口健康问题，争取在 2030 年实现全国新生儿性别比例的自然平衡。

第三，促进公共卫生服务的均等化，确保每个人都能够享受到基本的公共卫生服务。

② 提供优质高效的医疗服务

第一，建立全面的医疗卫生服务网络，确保每个人都能够获得必要的医疗服务，简单来说就是全民"病有所医"。

第二，创新医疗卫生服务供给模式，做好疾病防控，完善家庭医生建设与服务。

第三，提升医疗服务水平和质量，培养医药人才、医疗人才、医药相关人才，构建良好就医环境，建立和谐医患关系。

第四，构建同国际接轨的医疗卫生服务发展模式。

③　充分发挥中医药独特优势

计划到 2030 年实现以下目标。

第一，继续推动中医药在疾病治疗、预防、保健、康复等方面的作用。

第二，发展中医养生服务。

第三，推进中医药传承。

第四，促进中医药创新。

④　加强重点人群健康服务

第一，从人类生命健康的起源入手，关注母婴安全、关注妇女儿童健康。

第二，重视青少年儿童的健康教育。

第三，重视残疾人群的健康管理、服务。

（3）完善健康保障

为完善我国的健康保障体系，需要在医疗保障与药品供应保障两个方面进行全面升级。

（4）建设健康环境

①　深入开展爱国卫生运动

第一，关注城乡良好卫生环境发展，建设良好宜居家园。

第二，关注人民群众的饮水问题，确保饮水安全。

第三，建立环境示范村、镇。

②　加强影响健康的环境问题治理

第一，重视自然环境的综合治理，重视环境保护、环境问题治理。

第二，加强对可能产生环境问题的企业与产业的监督。

第三，建立健全环境监测机制。

第四，完善环境风险评估和预防机制。

③　保障食品药品安全

第一，加强食品监管，从生产到餐桌，杜绝食品污染。

第二，加强对药品、医疗器械等物品的安全监管，以确保其符合相关安全标准。

④　完善公共安全体系

第一，进一步强化安全生产的措施。

第二，不断加强对道路交通安全的监管和管理。

第三，通过不同的方式强化消费品的安全。

第四，加强各级部门、组织、团体、个人的突发性安全事件应急处理能力。

第五，建立健全整个社会对突发安全事件的联动处理能力。

第六，健全口岸公共卫生体系，加强出入境安全管理。

（5）发展健康产业

① 优化多元办医格局

建立健全我国的医疗环境，包括良好齐全的医疗设施的配备、良好的医疗卫生环境、良好的医患心理环境的建设以及良好的医疗行业作风环境建设等多个方面。

② 发展健康服务新业态

建立健康新业态、新产业、新模式，实现健康产业与其他产业的联合、协同发展。

③ 积极发展健身休闲运动产业

第一，优化健身市场环境，鼓励入市。

第二，加强健身产业发展引导、干预。

第三，政策支持，优化产业资源配置。

④ 促进医药产业发展

第一，重视医药技术的创新。

第二，提高医药产业集中度。

第三，提高医药产业专业化发展。

第四，加强国际医药交流与合作。

（6）健全支撑与保障

① 深化体制机制改革

第一，将健康理念贯穿于各项政策之中，加强不同部门和行业之间的沟通协作，以形成共同的健康力量。

第二，全面深化医药卫生体制改革。

第三，完善健康筹资机制，调动社会投资积极性。

第四，加速推进政府职能转型的进程。

② 加强健康人力资源建设

第一，借助不同的手段不断加强在健康人才方面的培养和培训，并且到

2030 年真正实现社会体育指导员的数量将达到每千人 2 至 3 名。

第二，为了激励创新人才的发展，需要建立一套有效的评价机制。

③ 推动健康科技创新

第一，建立国家级医学科技创新生态系统。

第二，加强医学科技的创新和进步。

④ 建设健康信息化服务体系

第一，加强人口健康信息服务体系建设，进一步完善和优化"互联网+健康医疗"的模式，以提升医疗服务水平。加强信息化人才队伍建设和技术保障，加快推进卫生计生信息系统互联互通。到 2030 年，全面实现国家、省、市、县四级人口健康信息平台的互联互通、信息共享和应用规范化，以促进全民健康水平的提升。

第二，全面深化健康医疗大数据的多领域应用。

⑤ 加强健康法治建设

不断健全医疗卫生、中医药、药品管理等方面的立法建设，完善社会监督。

⑥ 加强国际交流合作

以双边合作机制为基础，推进我国与其他国家在卫生领域的紧密合作，参与在全球卫生方面的治理，全面加强人口健康领域的国际合作。

（7）强化组织实施

第一，加强组织领导，确保健康重大工作的有序开展。

第二，建立完善的政府和大众媒体健康宣传机制，从而营造健康的社会氛围，最终逐渐形成大众健康共识。

第三，做好实时监测。积极落实各项政策，并在工作中总结经验教训，不断改进。

（三）《健康中国行动（2019—2030 年）》

随着我国社会经济的不断发展，我国未发病、慢性病高发。工业化、城镇化、人口老龄化进程中，一系列国民健康问题不容忽视。

1. 目标

全民健康素养水平逐步提升，健康生活方式得到广泛推广，重大疾病的预防和控制将变得更加高效，疾病致残与死亡的风险降低，同时重点人群的健康

状况得到明显的改善。到 2030 年全民健康素养水平有较大提高，健康生活方式得到基本推广，健康影响因素得到了进一步的有效控制，因病过早死亡率显著下降，人均健康预期寿命得到明显地提高，居民的主要健康指标水平进入高收入国家，基本实现健康公平。

2. 任务

《健康中国行动（2019—2030 年）》及相关文件，始终围绕疾病预防与健康促进两个重要核心，其中提出了 15 项重大专项行动的计划，并指出了完成各项行动与任务的具体指标。

第三章
全民健身在不同群体之间的应用

本章主要介绍了全民健身在不同群体之间的应用，分别从以下几个方面进行阐述：全民健身与学校体育、全民健身与家庭体育、全民健身与社区体育、全民健身与农村体育。

第一节　全民健身与学校体育

一、学校体育的发展现状

（一）学校体育的发展

中华人民共和国成立七十多年来，我国学校体育工作积累了宝贵的经验，为新的发展奠定了坚实的基础。总结起来，学校体育工作的主要经验包括：

1. 全面贯彻国家的教育方针，确保体育工作面向全体学生。

2. 积极推进多元化的校外体育和健身活动，同时切实上好体育课和健康教育课，致力于全面提升教育品质。

3. 加强体育师资的培养与培训工作，提高他们的思想道德和文化业务素质，以适应为人师表与教书育人的崇高事业需要。

4. 增加经费投入，改善体育场地与设施建设，为学生参加体育活动创造良好环境。

5. 坚持开展学生体质与健康调研，为改进体育卫生工作和提高学生健康水平提供科学依据。

6. 贯彻预防为主方针，培养学生良好卫生习惯，加强疾病防治。

7. 重视向学生普及营养知识，逐步推广营养午餐。

8. 努力办好体育传统项目学校和课余训练试点学校，形成小学、中学、大学相衔接的运行机制。

9. 普及与提高相结合，使有特长的学生在品德教育、文化课学习和体育训练方面协调并进，积极探索培养体育后备人才的途径。

10. 加强科学研究，依靠科学技术振兴体育。

11. 改革与开放并举，既继承本国优良传统，又借鉴外国先进经验。

12. 健全机构，依法规范管理体育卫生工作，努力提高管理水平。

（二）学校体育的现状

改革开放以来，随着经济和社会不断发展，人民生活得到改善，教育逐步普及，学校体育的日益加强，使中华民族的身体素质上升到一个新的水平。学校教育贯彻全面发展的教育方针，取得了很大成绩，中国特色社会主义学校体育工作体系已基本形成。这既为各级各类学校学生成才报国准备了健康的身体条件，也为众多的体育健儿在世界性体育竞赛中获得优异成绩打下了良好的启蒙教育基础。学校体育在教育体系中扮演着至关重要的角色，形成了以"两课、两操、两活动"为核心的全面体育制度；国家制定《国家体育锻炼标准》等一系列法规；初步构建了一套完整的卫生保健体系，包括体质调研、健康教育和疾病预防与治疗等方面；确立了体育课在素质教育中的主导地位，使学生树立终身体育观念；建立了一套融合普及和提高结合的机制，以培养体育后备人才为目标，逐渐形成了一套具有学校特色的竞赛体系；拥有一支由专业体育卫生教师和兼职教师共同组成的队伍；体育场地器材配备逐步得到保障，运动训练水平有很大提高；随着时间的推移，课程大纲、教材以及场地设施的建设得到优化和提升；学生体质健康水平持续稳定地提高；学校体育方面的法规和政策不断完善，逐渐实现了规范化和制度化的有机管理；学生体质健康水平明显提高；随着新的课程标准的颁布，对于课内外的体育活动，更加注重其质量与实际效果的提升；在科学研究的不断深入中，涌现出了一系列具有

广泛影响力的成果。

　　然而，学校内的体育教育仍然面临许多挑战，学生的身体素质和健康状况令人担忧。举例来说，现如今许多高校的学生在军训训练场、课堂或考场上晕倒的情况时有发生。因此，加强对在校大学生进行健康教育显得尤为重要。在大学生群体中，高度近视和神经衰弱是常见的健康问题。每年校运会或球类比赛的参与者大多是新生或低年级学生，运动表现也主要集中在这些学生身上，而高年级特别是毕业班的学生几乎很少参与。更令人担忧的是，家长和老师们的健康知识相对不足，而大学生们的自我保健意识也较为薄弱，这与现代文明的要求相去甚远。因此，有必要加强教育，提高家长、老师和大学生们的健康知识水平，培养他们的健康意识和良好的健康习惯，以促进学生的身心健康发展。

　　从另一个角度来看，我们可以发现学校体育存在的问题。学校体育作为群众体育的基础，学生在校期间是否接受了良好的体育教育，对于学生日后从事群众性体育锻炼起着重要作用。虽然成年人不参加体育锻炼的原因较多，比如时间和精力的缺乏，但这与在校期间没有养成体育锻炼的兴趣、能力和习惯有着很大关系。

二、学校体育在全民健身中的重要性

（一）提高学生体质水平

　　青少年的身体素质水平是衡量一个民族综合素质的重要指标与象征。毫无疑问，学校的体育教育对于提升民族的身体素质和文化修养具有至关重要的作用和意义。随着我国社会经济的飞速发展，人们物质文化生活水平日益提高，在追求物质文明与精神文明的同时也更加重视精神文化方面的建设。在校期间，学生处于生长发育的黄金时期，体育锻炼则是对其生长发育产生重要积极影响的因素之一，如果学生不参加体育活动，长此以往就会导致身体素质下降。所以，在学校体育工作中注重引导学生积极参与体育锻炼，有助于促进他们身体的正常生长发育、增强体质，同时也能够培养他们对体育的浓厚兴趣，逐渐养成良好的体育健身习惯，促进他们运动能力的发展，为他们未来从事体育锻炼，提高健身水平奠定更加坚实的基础。从遗传角度研究分析青少年体质状况

是搞好学校体育教育的关键，按照遗传学与优生学的理念，青少年的身体素质得到提升，可以使我国人民的身体素质与健康水平得到本质的改善与提高，进而快速提高民族的整体素质水平。

（二）奠定学生健身基础

全面开展健身活动的起点在于学校体育，这不仅考虑到长期效果，同时也注重实际效果。随着社会经济发展，人们生活方式发生了巨大变化，最终导致我国国民身体素质下降。根据当前对全民健身活动，在不同层次、地域的调查分析，可以得出如下结论：人们是否可以参与健身活动以及参与后的实际效果，和他们早年接受的学校体育教育密切相关；学生是否具备正确的体育锻炼认知、锻炼能力等因素，将直接影响他们未来是否能够积极参与健身活动。因此，应成为终身体育教育的重要内容之一，青少年与儿童具有可塑性强的特点，学校体育作为全民健身活动的起点，能够使学生在参与活动的过程当中，逐渐形成和树立正确、科学的体育价值观，深层次感受运动的乐趣，提升自我健身的能力，养成健身的良好习惯，以便为他们未来坚持从事体育锻炼打下坚实的基础。

（三）提供学生健身场地

学校体育作为全民健身活动的重要基石，为其开展奠定了坚实的基础。要使学校体育成为终身体育的基础，需要重视培养青少年的终身体育意识和行为习惯，并将之纳入学校体育教学计划中去安排。为了确保全民健身活动的蓬勃开展，必须建立一个庞大的参与者群体，并且由经验丰富的管理者与指导者组成，同时还需要提供优质的体育场地与体育设施，将其作为重要的保障。这三者皆与校园体育息息相关，不仅为终身体育锻炼打下基础，还能使人在今后的学习中终身受益。学校体育为学生参与体育锻炼提供一个重要的场所，可以培养和提升他们对健身的兴趣、能力和习惯，也可以促进学生终身体育锻炼意识的形成和发展，从而提高整个民族的身体素质。学生日后积极参与健身活动的前提条件在于，他们必须具备有效的身体素质和健康意识。这些学生既对普及与提高我国人民体质水平具有重大战略意义，对发展体育事业也将产生深远的影响。学校的体育教育不仅是培养体育师资与体育骨干的关键场所，更是为他

们提供了一个锻炼自我、拓宽视野的重要平台。大量的体育师资和体育社会指导员，在全民健身活动中得到了各级各类体育院系的培养，他们在组织、管理以及指导等多个方面发挥着至关重要的作用，是全民健身计划实施中不可或缺的重要力量。学校内备有优越的体育活动场所和设施，学校作为全民健身活动的主要场所，向公众开放体育场馆和各种器材，提供必要的健身指导，同时充分利用有限的体育资源，将学校在社区中的中心辐射作用淋漓尽致地发挥出来，推动全社会健身活动的进一步开展，为学校带来可观的经济效益和促进学校体育的发展作出贡献。

三、全民健身在学校体育中的应用

（一）全民健身更新学校体育课程内容

1. 正确对待竞技运动项目

竞技体育与学校体育有很大的差异。前者追求高度技巧性，体能极限性，训练过程的专业化、系统性，有较强的功利性和商业性，而后者在于促进人的全面发展和健康成长。但是，两者也有相同点，那就是通过参与竞技运动项目，可以培养学生坚强的意志力、规则意识和民主精神、竞争和合作的意识及能力等现代人特有的素质。因此，我们不能一味地排斥竞技运动项目，而应该有意识地积极引进和加以改造。关于改造竞技运动项目，即竞技运动的教材化在学术界讨论较为激烈，实践中体育教师在这方面的个体经验也很丰富。比如，简化比赛规则，改变器材的竞技化和成人化，增强活动的趣味性和生活化等。教师可以从中得到启发，进而根据学生的年龄特点和地域特色等具体情况创造性地利用和改造。

2. 注重教学内容的健全性

学校体育的宗旨在于全面提升学生的身体素质，推动学生身心健康的全面发展。所以，只要是有利于学生健康发展的教学内容都可以纳入选择的范围之内。相反，对于那些虽然编入了教材，但对学生身心健康没有特别帮助的教学内容，或者一些难度较大、极其复杂的动作，也完全可以不作为选择的内容。

3. 突出教学内容的时代性

时代在发展，科技在进步，社会也在不断演进，体育的作用与价值得到不

断拓展和提升，逐渐由单纯的强身健体扩大到以强身健体为基础，追求体育所能带给人的审美、娱乐、休闲、交往等多种功能。因此，在选择教学内容时，教师应当全面考虑活动的多元化作用和功能，以便充分满足学生多样化的不同需求。以健身操为例，与传统枯燥的体操动作比较，它在发展学生身体素质的同时，更能带给学生美的享受、娱乐的体验和交往的满足。因此，它成了学生喜闻乐见的运动项目之一。作为体育教师就应该把握住体育的时代发展趋势，主动选择或创造出适合学生的内容，从而增强学生学习和锻炼的热情，满足其多方面的需求。

（二）全民健身深化学校体育教学改革

1. 教学方法变革

在体育教学当中，有一种非常普遍的现象——"教不会"，究其原因是体育教学内容繁多、时间紧迫、学生数量众多等多种客观因素共同作用的结果。因此，必须深刻认识到，体育教师的教学方法是否得当，直接决定了这一点，由此可见在体育课上如何提高教学质量，是一个值得研究和探讨的课题。从事体育教学活动，不仅可以增强体质和提高身体素质水平，还能使人获得一定的技能技巧和良好的意志品质。体育教学作为一种教育活动，与运动训练有着显著的差异，体育教学旨在推动学生的全面发展，包括个性塑造、创造力培养等多个方面；运动训练更注重培养运动竞技能力，所以不可把体育教学简单地视为运动训练的等同。从心理学角度来说，体育教学过程实际上就是一个认知和情感相互作用的动态过程，这种互动是影响学习效果的重要因素之一。因此，作为一名体育教师，除了注重和强调运动技能规律的掌握外，也应该关注学生学习的发展情况，特别是关注学生在运动过程中获得愉悦的情感体验，这就要求体育教师必须改变传统的"填鸭式"教学模式，把课堂还给学生，使他们成为学习的主人。众多体育教师在实践的过程当中，获得了教学法改革的成功，这是他们不断探索和创新的结果，通过各种方式激发学生学习兴趣，调动学生主动参与积极性，培养学生终身锻炼意识和习惯。以篮球为例，有些教师在传统篮球教学中，采用了一种不同于以往先传授基本技术，再学习简单战术的教学方法，而是以体验篮球活动为切入点，通过引入游戏与比赛的形式，引导学生进入学习过程，从中发现成功的关键与乐趣，

最终推动基本技术的学习和掌握。学生不仅学会了如何参与篮球运动，更为重要的是他们学会了学习，并且体验到了篮球运动的乐趣，这与传统篮球教学是不同的。

2. 教学组织形式变革

学生的个体差异在体育素质方面呈现出明显的差异，这是一种客观的存在。有些因素源于先天，并且这些因素在后天的环境中难以被改变，因为每一位学生的学习步调都不同，所以如果按照相同的步调进行学习，所得到的结果必然是显而易见的。此外，不同的运动项目之间存在着巨大的差异，每一位学生的学习兴趣都是独一无二的，因此学生的"学不会"或"学不开心"是一种合理的现象。不能把体育与其他学科一样一刀切，要根据每一位学生自身特点和个性来选择教学方式方法。为了确保每一位学生都能得到最大程度地发展，个性化的体育教学组织形式是必不可少的，只有这样才能让每个学生都能够得到最好的教育。如果采用统一模式来实施的话，则会出现教师难教、学生厌学、教学质量不高等问题，因此教师要根据每一位学生的特点和个性特长，制定具体目标，有针对性地实施教学。对于拥有充足师资和优越体育硬件条件的学校而言，运用打破行政分班的手段，分班的时候按照学生的能力、兴趣来进行；针对条件相对薄弱或者师资数量偏少地区，尤其是在一些农村与贫困地区，能够按照行政分班的方式，根据学生的性别、兴趣等因素进行合理地分组，以便为他们提供个性化的指导和支持。

3. 教学评价的变革

教学评价不仅是对学生学习成果的评估和检验，更是一种引导与激发学生学习热情的机制。以往对学生的体育学习的评价存在着诸多问题：评价内容局限于体能和运动技能的评定；评价方法主要以绝对性评价、总结性评价为主；评价工具局限于笔试、体能和运动技能测试；评价主体以教师为主等。这在很大程度上忽视了学生多方面发展的需要和可能，忽视了学生的个体差异以及学生学习的主体地位。因此，教学评价改革应该在原有的基础上强调和突出教学的导向和激励功能。

（1）评价内容的多维度

一方面注重身体素质与运动技能；另一方面也应该强调学生通过运动，获得的个性心理素质与社会适应能力的培养与综合发展。

（2）评价方法的多样性

重视将绝对评价与相对评价有机结合，同时采用总结性评价与形成性评价相互补充的方式。相对性评价的出发点在于根据每一个学生的实际进步情况进行考评。形成性评价是通过各种评价手段，为学生的学习提供全面的有效反馈，从而更好地帮助师生及时发现并解决问题。通过将两者融合，学生不仅能够发现与预期目标的差距，同时也能够获得足够的信心，在学习和改进的过程中实现进步。

（3）评价主体的多元性

除了以相应标准对学生进行公正评价以外，教师还应该注重学生自我评价以及同学之间的互评，以激发学生的学习主动性和主人翁意识。通过学生自我评价和同伴互评，一方面可以有效确保教师评价的客观性；另一方面也有助于学生更深入地理解与认识评价标准，从而为未来的自我锻炼、自我监控与评价打下更加坚实的基础。

（三）全民健身加强学生课余体育锻炼活动

1. 提高对课余体育锻炼活动的认识

在学校实施素质教育的过程中，课余体育锻炼是一项至关重要的措施。学校领导和教师应深刻认识课余体育锻炼的积极意义：（1）提升学生身体素质水平。研究表明，仅凭每周两次体育课的频率是不足以满足身体健康需求的，同时也无法实现增强学生体质的任务的。要切实地实现学生体质的增强，必须重视学生课余体育锻炼，确保学生每天一小时锻炼时间；（2）培养学生终身体育的习惯和能力。为了确保学校体育的长期稳定地可持续发展，需要注重和强调培养学生的参与意识、自我锻炼的能力与习惯，以促进他们在体育健身中的积极参与和自我提升。通过开展形式多样的课余体育锻炼活动，可以吸引更多的学生投身体育锻炼，在自我锻炼的过程中学生主动运用所学的运动技能和健身方法指导自己，这对于学生终身体育可以奠定很好的基础；（3）促进学生的社会适应性。学生社会化反映着学生与未来社会的一种关系，是指学生通过学习与内化社会文化而胜任社会所期待的角色。学校课余体育锻炼多以小型竞赛活动的方式开展，由于竞赛活动具有比赛结果的不确定性和公正性、小组成员的协作性和比赛双方的对抗性等特点，对于培养参与者对环境的应变能力、积极

的进取精神、集体意识和规则意识都具有重要作用。这有助于学生适应竞争激烈、复杂多变的现代社会；（4）发展学生个性。学生的个性化，则是侧重于学生"独特性"的形成，包括能力、特长、自主性、主动性、创造性等方面的发展。课余体育锻炼与体育课相比较，无论是活动的内容还是形式，学生拥有更大的自主选择权。在这样的活动中，学生不仅能够深化课堂教学内容，还可以获得更为广博的知识和技能，培养和发展具有鲜明个性的运动兴趣和爱好。同时学生可以体验到更多的成功的喜悦，在不断完善自我的过程中，动机、自我意识等一系列个性心理品质得以健康发展。

2. 提高课余体育锻炼活动的实效性

课余体育锻炼主要包括两个方面：一类是和日常生活规律结合在一起，同时具有组织性和规范性的活动，如早操、课间操、班级或全校性的课外体育活动；另一类是学生利用课余时间，独立或结组在校内或校外进行的自发性体育锻炼活动。从两类活动的现状看，前一类活动的实施情况不尽如人意，学生缺乏兴趣，活动流于形式；后一类活动往往被忽视。这样一来，学生普遍缺乏"体育锻炼"就在所难免了。因此，在开展活动的前提下，保障每一次活动的实效性显得十分必要。目前，在全国范围内推广实施的大课间操模式就是一种有效的尝试，在各种体育教育类的报纸杂志都有成功经验的报道。与传统课间操相比，大课间操模式时间长、内容丰富、组织形式灵活、练习强度适宜而受到学生的普遍欢迎。

3. 加强课余体育锻炼活动的组织管理和指导

学生通常会自发参与课外体育锻炼，然而对于学校而言，却不能够放任自流。如何针对学生课余锻炼的特点进行有效地组织管理和指导是学校和体育教师应当共同关心的问题。目前，国外学校体育俱乐部模式在我国的部分高校和高中也开始实施，已有初步效果。学校体育俱乐部是以单项体育组织为基础，强调学生的自主参与和自我管理，教师起协调和指导作用。同以班级为单位组织体育锻炼相比，它有以下优点：（1）促进学习由被动向主动转变；（2）学生行为角色不断变化；（3）团体环境优化；（4）师生对应关系变化；（5）学生爱好和个性得到发展；（6）学生运动行为能力得到提高；（7）终身体育观念容易形成。以目前情况而言，我国课余体育要实现从班级体育锻炼向体育俱乐部转变要创设一定的前提，如学生的课业负担要减轻，同时为了改善学校的体育设

施和场地条件，需要提升师生的认知水平与能力水平。学校体育俱乐部有可能是课余体育的发展方向。

（四）全民健身提高体育教师素质

1. 加强体育教育专业的改革

我国高校中的体育教育专业是培养体育师资的重要阵地，但从调查反映，该专业的学生存在着诸多不尽如人意之处，集中表现在专业思想不稳固，知识面狭窄，教育教学创新能力和实践能力薄弱等。这与体育教育专业的课程设置和教学有着直接的联系。课程设置多注重专业课程，忽视基础课程；在专业课程中，运动技术与运动技能的学习、提高被高度重视，然而相关理论学习和方法的掌握却被忽视；教学过程缺乏必要的反馈与调控；学生所需的练习时间较为充裕，理论学习时数和门类少；学生教学实习时间短，缺乏必要的组织管理，使教学实习流于形式等。针对目前体育教育专业存在的一系列问题和素质教育对未来体育教师提出的新要求，以下方面必须引起足够的重视：首先，将体育教育专业所具备的师范特质充分展现出来。体育教师的培养方式与运动员的训练方式存在显著差异，因此在课程设置与教学过程中，不应仅追求学生运动技术和技能的提高，应着重于运动技术的理论学习以及各种方法的灵活掌握，将理论与实践紧密结合，在实践中深化认识，掌握方法。同时，要充分重视教育类课程以及专业课程与教育类课程两者的结合；其次，加强体育与健康教育的融合，培养综合型教师。在未来的学校体育发展中，将体育教育与健康教育有机结合，已成为一种趋势。它既要求具有良好的身体形态与机能，又必须有较好的身体素质，特别是心理素质，同时还要具备一定的科学文化素质。学府中的"体育课"已更名为"体育与健康课"，这一更名绝不是一种简单的称谓变化，而是蕴含着更为深刻的内涵。

2. 重视体育教师的继续教育

教师素质的提升离不开继续教育这一重要渠道。随着课程改革的不断深化和素质教育的全面实施，对传统的以学科为中心的教学模式进行了变革，提出要将"以人为本"作为指导思想，把培养学生良好的个性品质作为教学目标之一。近几年，青年骨干体育教师的培训，备受教育行政部门的关注，各级、各类学校的体育骨干教师培训班举办，相关制度与规定被制定和颁布出来，同时

继续教育证书制度也逐渐推行。然而，当前体育教师继续教育依旧面临诸多难题，如以学历达标为目标的学历教育占据主导地位；培训方式多种多样，但缺乏一套严谨的考试制度与行之有效的管理措施，这使得培训效果难以令人满意；在职教师的独特特质并未得到充分凸显，导致教材内容与其在校时所学的知识存在重叠；教育机构过度强调经济利益，从而将教育与社会方面的效益所忽视，削弱了学习的主动性和热情，最终导致继续教育的实际效果和预期目标存在不小的差距。为了推动继续教育的良好发展，必须迅速解决以下难题：一是在学历补偿教育的基础上，进一步加强非学历教育，以更新知识、观念和教育技术为核心任务；二是为了提升继续教育的品质，需要根据在职教师的特点与不同层次教师的需求，对课程、教材、教法以及考核制度进行全面深化改革；三是确立规范的办学单位和条件，将开展继续教育视为有偿服务与创收的重要途径，转变为将各类学校继续教育的发展作为学校办学的关键主导方向。

3. 引导教师参与学校体育科研

科研兴校，具体而言就是积极推进科研工作既可以提升学校的教育教学水平，也有助于快速提升教师的专业素养。在实施素质教育中，广大体育教师积极投入到教学改革和科研工作当中。科研课题的推进与中青年骨干教师、优秀教师的共同成长，逐渐形成了一股强劲的推动力。因此，加强体育教师的科研工作是当前深化素质教育，全面提高学生综合素质的重要保证。当前，相较于其他学科的教育科研，体育教育科研呈现出明显的不足之处，主要表现是体育教师对课题研究的重要性认识不够深刻，对自己承担着重要责任的工作不重视。由于科研起步较晚、经费有限等客观因素的限制，以及教师自身精力缺乏、科研意识淡薄、科研能力不足等主观原因，导致了该领域的发展受到了制约。为此，必须转变观念，提高认识，采取切实有力措施，促进体育教育科研工作健康发展。在引导教师积极参与体育教育科研的过程中，一是需要综合考虑不同类型的教师培养和培训，以提升教师科研能力与水平为目标；二是加强高校体育院系、体育科研机构与体育教师之间的协作，将各自的专业优势充分发挥出来，以学校体育为中心，深入研究与思考，实施素质教育所面临的难点问题与热点问题；三是学校体育卫生工作的科研工作，需要得到各级领导的足够重视与支持，因此在制订教育教学计划的过程当中，必须为学校体育卫生科研预

留充足的空间，并且在选题、经费使用等多个方面，向教师提供实质性的支持与有效帮助。

第二节　全民健身与家庭体育

随着现代社会经济的飞速发展和人们生活水平、文化素质的不断提升，体育运动已逐渐成为不可或缺的文化生活内容，同时随着全民健身运动的推广，家庭体育也将成为现代家庭生活中的一种重要象征。

家庭体育与其他群众体育相比较，有其特点，即基本上是以婚姻或血缘关系的成员开展体育活动，家庭体育成员往往有着共同的生活规律与生活条件但基本上由不同年龄、性别与辈分所组成。家庭体育形成的传统习惯，即形成家风，会对家庭和世代成员，以及社会、国家、民族产生积极影响。

一、家庭体育的地位

现代社会，家庭体育已越来越显示出其在家庭生活和群众性体育活动中的重要地位，对提高家庭生活质量和发展我国全民健身事业必将发挥更大的作用。

（一）家庭生活的重要组成部分

大人下班，孩子从幼儿园或学校放学回家，就进入了家庭生活。家庭生活包括食、宿、盥、洗与打扫卫生和进行家庭教育、家庭文化娱乐生活、家庭的社会交际，以及开展家庭体育等。家庭体育既是家庭教育的一部分，也是家庭文化娱乐的一部分，形成了独立的家庭活动内容。

家长或其他年长者在家庭里对儿童和青少年进行体育教育，即促进他们从事体育活动，获得身心健康发展，增强体质，形成正确地坐、立、走、跑等姿态，掌握某些体育的知识和技能技术，锻炼意志品质和培养情操与性格的一个教育进程。一般来说，年龄越小，接受体育教育效果越大，因为他们好动，身体可塑性大，在体育活动中融入教育元素，是一种可行的方式。

家庭体育是全民健身的重要手段，采用适当的身体练习促使婴幼儿身体活

动，有利于他们身心健康发展，提高活动能力。家庭体育可以使老年人保持生命力，延缓衰老。适当采用某些医疗体育也是防治某些疾病的有效方法。

无论在一日的作息制度中安排家庭体育活动，如早晨或饭后，或余暇时进行体育活动，还是节假日或周末休息日安排一些体育活动，都可以使家庭生活具有规律性、节奏性，使家庭生活内容更充实、更丰富。

综上所述，从家庭教育、家庭娱乐、家庭体育和养老、医疗保健，以及家庭日常生活作息制度安排和节假日家庭活动等多方面看，要使家庭生活内容丰富，富有一定的现代色彩，就某种程度而言体育在当今社会已经成为重要的组成部分。从这个意义上讲，体育进入家庭是现代家庭生活的一个重要标志。

（二）群众体育发展的重要途径

我国历来比较重视厂矿、企业、机关的职工，城镇居民，农村农民和部队官兵，以及学校中的群众体育活动。近年来，家庭体育有了较快的发展（如象征性地组织家庭体育比赛，以推动家庭体育的开展），家庭体育越来越受到人们的重视。

家庭成员本是各自所在单位有组织的群众体育活动的对象，他们回到家里，又成为家庭体育的成员。开展家庭体育，可以说是群众体育发展的必然，也是弥补家庭成员各自所在单位群众体育之不足，具体表现在以下几个方面。

1. 全民健身的重要标志

我国政府非常重视发展全民健身体育运动，全民健身不仅要靠国家领导和大力提倡，还要靠社会来支持，以推动我国健身运动逐步走向社会化。实现健身社会化应要求具有广泛的群众性和获得效益的经济性，而家庭体育在群众体育中具有极大广泛性和经济性。因为人在出生至退休后，几乎都在家庭生活，即使上幼儿园、上学或上班工作，一般也是在放学和下班后在家度过余暇时间。这样，家庭体育的发展，将吸引回家的全体国民在各自家里参加健身活动。因此，家庭体育具有最广泛的群众性。同时，发展家庭体育，除靠国家提供一定的场地器材条件和锻炼环境外，主要靠各自家庭提供给家庭成员的体育经费开支。因此，开展家庭体育同其他群众性体育相比较，国家投资少，而获益大。

2. 具有极大的适应性和潜力

由于家庭组成的特点，家庭成员具有极大的凝聚力和共同点，这不仅指在

婚姻结合、遗传因素、生活习惯、爱好和情感关系上，而且也反映在组织家庭体育活动的环境、经济条件和余暇时间的利用上，往往提供了极有利条件。开展家庭体育完全可以根据各个家庭的需要和条件，因此，家庭体育具有极大的适应性。尤其当一个家庭形成家庭体育传统后，更将成为一种无形的力量，不仅对全家人，而且可能对子孙后代产生良好的影响和难于估量的社会价值。

输送优秀运动员的后备力量，要靠家庭的支持与帮助，甚至有些有培养条件的苗子，直接是由家庭的年长者自小培养出来的。随着我国家庭体育的普及和提高，这种情况将会越来越多，完全可以认为家庭体育是竞技体育的重要基础和输送有培养条件的苗子的重要来源。

（三）终身体育的重要保证

终身体育是指一个人终身进行身体锻炼和接受体育教育。家庭是以婚姻和血缘关系为基础的各个年龄阶段的成员所组成的，随着新建家庭的发展，家庭成员会经历人生的各个阶段。因此，家庭体育实际上是面对着各个年龄阶段的人们。在家庭里开展体育活动，其中包括婴幼儿体育、学龄前体育、在校学生的家庭体育、就业人员的家庭体育和离退休人员的家庭体育。尽管学校体育可以奠定学生终身体育的基础，或各个单位可以组织本单位人员开展群众性体育活动，但是，只有家庭体育的开展，才能保证家庭每个成员从出生到老全过程的终身体育。

家庭，几乎是天然地照顾、关心每个成员的工作、学习、生活、思想、健康和体育生活。家庭体育生活的形成与发展，必然是家长和其他年长者利用家庭这一特定的环境与条件，吸引、推动每个家庭成员参加家庭体育活动，其中包括婴幼儿的被动的身体活动，指导家庭成员选择锻炼内容和科学化从事身体锻炼，组织与安排全家的体育活动，形成生活作息制度中的体育，以及提供家庭体育活动所需要的营养、体育器材服装等。这些都是保证家庭每个成员能长期坚持锻炼所不可缺少的。

家庭体育还可以奠定终身体育的基础，在以下三个方面呈现出了显著的特征。

一是激发幼儿对体育的热情和兴趣，引导他们养成积极参与体育活动的良好习惯。兴趣能激发人积极地思考，爱好能使人在愉快中学习，兴趣和爱好是

最好的老师。在幼儿园中开展体育游戏活动，有利于促进幼儿体质的健康发展。孩子们天生好动，具有非常高的可塑性，从小培养对体育活动的浓厚兴趣，养成长期坚持身体锻炼的习惯，可以为他们的未来奠定坚实的基础。

二是潜移默化中塑造正确的体态，熟练掌握最基本的运动技巧，为塑造优雅高贵的气质和风度奠定坚实的基础。从幼年时期开始，人的身体素质和基本运动技能，如坐姿、立姿等均已形成。养成良好的习惯是一项非常具挑战性的任务，特别是在成年后，纠正不正确的姿势变得异常困难，甚至这些习惯可能会持续终身。而且，这些姿态与基本运动技能又是一个人形成风度与气质所不可缺少的，良好的姿态为风度和气度的形成奠定了基础。我们应充分发挥家教和家庭体育的作用，让子女在幼儿时期就解决这个重要的教育问题，使他们终身受益。

三是年轻一代的健康成长能够通过参与家庭体育活动得到促进。人类在出生后，直到 23～25 岁之间才达到完全成熟的阶段，在一周岁之前和 10～20 岁的女性、12～14 岁的男性，存在着两个生长发育的高峰期。通过协调家庭与学校的体育活动，可以促进他们的身心健康和全面发展，从而为他们打下坚实的身体基础。除此之外，家庭体育的开展也为新一代人提供了丰富的体育活动选择，并且这对培养一代新人是不可或缺的。

二、家庭体育在全民健身中的重要性

（一）增强家庭成员体质

1. 促进家庭成员人体正常生长发育、发展和体格强壮

人类自诞生之初，便需要进行适宜的身体活动，以提升自身的身体素质。随着人类的不断成长，在长者的悉心指导下，逐渐从被动的身体活动，成功转变为积极、主动地参与身体活动，从幼儿时期的玩乐习惯，转变为自觉、习惯以及科学的身体锻炼方式。家庭体育会对孩子的一生产生巨大影响，它不仅有利于儿童身心健康成长，也有助于青少年智力发展。体育运动是一项贯穿人生的重要活动，随着年龄的增长和需求的变化，它的作用也在不断地发挥，是人们日常生活中不可缺少的组成部分。

有机体的生长过程主要涉及细胞的增殖与细胞间质的扩张，从而引起形态

上的变化，大多数通过测量其重量与体积来评估。生长发育是机体内物质代谢过程中一个重要阶段。生命体的发育过程包括器官系统的形态结构与机能变化，通常在达到性功能成熟之前完成。发展是指人体从出生到衰亡的整个生命过程中的变化，如骨组织的化学成分在人的一生中，直到老年都在进行着变化。

由于功能的不同，骨骼的结构也会呈现出多种变异。身高的高矮取决于骨骼的成长，身体锻炼则是促进骨骼健康生长和发育的重要手段。青少年和儿童时期长骨的生长速度，决定了人的身高和外貌特征。在 20～25 岁之前，长骨的两端位于骨化中心，即骺软骨，这一层软骨逐渐转化为硬骨，并不断生长新的软骨，从而使骨头不断加长，直至生长发育期结束。骺软骨完全骨化，形成一条骺线，最终骨骼不再延长。为了促进骨骼的生长发育，必须持续地吸收所需的养分，因此营养供给是影响骨骼增长速度的重要因素之一。通过身体锻炼，可以刺激血液循环，从而提高骨骼的血液供应。在身体锻炼的过程中，各种动作不仅能够刺激骨骺生长，还能够有效促进其发育，从而发挥出良好的刺激作用。人体通过运动可促使骨髓腔内白细胞增殖，并刺激成骨细胞增生分化。此外，身体锻炼可促进骨骼密度的提高。这是因为通过人体运动可改变脊柱两侧椎体间关节面之间以及椎弓根与横突孔周围骨质疏松性小结节或软骨下腔内细胞形态结构的变化，从而引起了这些部位组织强度的增强。骨小梁的排列呈现出一种有序的规律，按照骨骺在身体活动中所能承受的方向有序排列，从而增强骨骼的抗压能力。

体重的增加与骨骼息息相关，然而影响体重更为重要的因素在于肌肉的不断扩张和增长。身体锻炼的时候，由于机体需要大量脂肪来维持代谢所需能量，肌肉组织又具有强大的收缩力，因此在运动训练过程中必然会产生一定量的热量。为了确保肌肉内物质能量的充足供应，毛细血管在开放时的数量，能够达到平时的 15～30 倍。因此在运动训练后，血液流动加快，血管容积增大，血容量增加。通过长期的运动，能够增加肌肉中毛细血管腔的大小与数量，使肌肉纤维变得更加粗壮，从而使肌肉的质量，从一般人体重的 35%～40%增加到约占体重的一半，同时由于血液流量增大，血循环加快，全身各系统器官功能增强。通过增加体重，使身体呈现出饱满有力的状态。

人体的强健程度，主要取决于其生长发育水平、体型特征以及姿态表现三个方面的评估。这三个方面都直接或间接地反映了一个人的体质状况，三者相

互联系和区别，具体而言就是有后天影响因素和先天遗传因素，与今后的工作能力有着密切的关系。在青少儿时期，由于身体正处于生长发育阶段，尚未定型，具有很大的可塑性，这是形成良好体型与姿态、增进健康美的重要阶段。值得一提的是，即便是人们进入生长发育成熟期，仍需坚持身体锻炼，以保持强健有力的体魄。

2. 促进人体机能的发展和提高基本活动能力

早在三国时期，曹操在《世说新语·言语》中提到过："盈缩之期，不但在天；养怡之福，可以遂年。"运动生理学家认为：虽然人的生理年龄是一定的，但有的人的生理年龄几乎有 15 年的出入，如假设你现年 50 岁，你的外表和身体内部的机能，可以像 65 岁的人，也可以像 35 岁的人[①]。也有人说：不动的本质是身体缺氧[②]。通过频繁的身体锻炼，人体的各个器官系统，在形态结构与机能方面均产生十分显著的变化，从而提高自身的基本活动能力。首先发生变化的是中枢神经系统及其主导部分一大脑皮层。由于各器官系统和机能是受中枢神经系统和体液调节的，因此，在中枢神经系统机能发生变化的同时，各器官系统也随之发生相应的变化。

身体锻炼对神经系统的主要影响表现在人体在中枢神经的有序支配下，逐渐形成动作技能的一系列条件反射，人体在活动的过程当中，除了需要对外界刺激作出相应的反应之外，还需要协调完成各种动作，以及对自然环境的适应能力等方面，都能在长期的身体锻炼中，促进神经系统的功能得到不断地改善。

通过身体锻炼，能够有效刺激心血管系统的功能提升，从而促进身体的健康状态。表现在心脏出现了"健康性肥大"的现象，一般人的心脏大小同他们的拳头差不多，约 0.3 kg 左右，容血量约 700 ml；运动员的心脏可重达半公斤左右，容血量可达 1 000 ml，人们称之为"运动员的心脏"[③]。如此一来，既会导致心脏的容积扩大，也会增强心脏的收缩能力。随着心脏每次收缩时，排入血管的血液量增加，每分钟心跳的频率逐渐降低。

由此可见，每分钟输出量虽然都是 4 500 ml，但有锻炼基础的人，每分钟

---

① 高扬，朱金婵，桂浩主编. 全民健身与家庭体育. 郑州：河南医科大学出版社，1997.

② 左林，裴植. 健美与长寿［M］. 北京：人民出版社，1981.

③ 高扬，朱金婵，桂浩主编. 全民健身与家庭体育. 郑州：河南医科大学出版社，1997.

心跳却比一般人少一二十次以上，从而使心脏在两次跳动中间能有较长时间休息，恢复得充分。这种现象，人们称之为"运动性心搏徐缓"。即使在激烈体育活动中，有锻炼基础的人，每分钟达到心率 200 次时[①]，人们也不会感到不适，同时缺乏体育锻炼的人在这种情况下，他们的身体通常难以承受。运动时，体内的各种代谢产物和废物都能及时排出体外，从而减少了对组织器官的损伤，有利于身体健康。此外，频繁参与体育锻炼的个体，因为血管壁的弹性较佳，血管内的障碍物质较少等多个方面的作用，从而有效提高了心血管系统的机能。

身体锻炼还可以促进呼吸系统机能的提高。体育锻炼的时候，随着全身代谢水平的提高，需要吸收大量氧气并将更多的二氧化碳排出，从而刺激呼吸中枢，肺脏被迫加深呼吸，扩大肺部与胸廓的容积，提高呼吸频率，增强呼吸肌的功能，从而使大量的空气通过肺泡来增加血液的含氧量。据测定运动员的呼吸肌力量可达 200 mm 水银柱，而一般人则约 60～100 mm 水银柱。由于呼吸肌力量得以增强，吸气时的胸腔就能扩张得更大，呼吸肌的耐力也得到提高，如运动员的呼吸差可达 7～11 cm，而一般人仅达 5～7 cm。

通过身体锻炼，人体的正常生长、发育与发展得到了促进，人体机能也得到了提升，人们能够了解和掌握最基本的运动技能，从而在潜移默化中增强人的基本活动能力。

3. 提高适应外界环境的能力

自然环境和社会环境这两个方面共同构成了外部环境的概念，前者由地理环境、季节与气候变化组成，后者主要是人类活动与自然相互作用的结果，包括城市环境影响和社会其他因素对人类有机体的一系列影响等。随着现代生活水平的不断提高，人们越来越重视自身健康状况，尤其注意体育锻炼对身体健康的促进作用。人体的健康状态取决于与自然界之间的平衡，人体是否具备适应外部环境变化的能力，则是衡量其机能能力的重要指标和标志，因为机体通过不断地运动和调整自身来适应环境条件，以维持其生命活动的需要。身体锻炼的一个重要作用在于快速提升个体的适应能力，从而增强身体素质。具备身体锻炼基础的人，在日常生活中通常表现出比缺乏锻炼基础的人，更强的环境

---

① 孙卓涛，杨平主编. 青春期健康教育读本 学生体制健康教育. 北京：人民日报出版社，2003.

适应能力，能够更好地适应外部环境。

机体的适应能力，就本质而言就是受到外界环境的一系列影响，在中枢神经系统的有序支配下，通过持续对有机体的调节，使其保持正常的稳定机能活动状态。具备身体锻炼基础的人之所以能够更好地适应外部环境，一方面是因为他们长期的身体锻炼，从而增强了身体的健康和强壮程度，他们的各个组织系统在中枢神经的支配下，能够更好地承受外界刺激，并协调各组织系统的能力得到了提升，特别是神经系统的作用更突出，能及时调整机体内平衡，维持生理活动的稳定性和协调性。例如，对于具备体温调节机能能力的人而言，他们的身体锻炼基础程度各不相同，尤其是在夏季高温天气下，身体素质较差的人更容易受到中暑的影响，所以要注意加强体育锻炼；另一方面，身体锻炼是一种常见的活动，通常需要在各种外部环境与条件下进行，有助于机体的锻炼和适应能力的提高。例如，在冬季的户外进行锻炼，使用冷水擦身或冷水浴，可以进一步增强有机体在抗寒方面的能力。

4. 具有防治某些疾病和恢复功能的作用

天花、霍乱和鼠疫属于甲级传染病，在 19 世纪末和 20 世纪初，有些医药卫生较先进的国家已能控制。呼吸系统的疾病，近四五十年来。由于有了雷米封、青霉素等特效药和生活条件的改善，也基本上被控制住了。近二三十年来，尤其是在经济发达的国家，生产机械化，自动化水平提高，几乎消除了笨重体力劳动，每周劳动日和每天劳动时间的减少，随着生活水平的显著提高，人们对营养的吸收已经远超过对能量的消耗，这也导致了肌力衰退成为当今时代的一大挑战。随着时间的推移，"半健康人"现象越来越普遍，"文明病"也逐渐成为社会所面临的一项严重挑战。"半健康人"是日本的体育科研人员提出的，其指的虽不是病人，却是一些对自己健康状况失去信心，体力好像只能勉强活着的人。日本对"肥胖儿童"和"像豆芽菜一样的娇儿"越来越多的现象，也很担心。他们指出这些儿童身体虽大，但体力，特别是耐力，却显著低下。"文明病"主要指的是心血管系统的疾病——心脏病、高血压、糖尿病、脑溢血以及肥胖病等。

持之以恒的身体锻炼，特别是进行周期性、长时间、全身性的长跑、游泳、骑自行车等体育活动，可以显著提高心血管系统与呼吸系统的机能。除此之外，能量物质的消耗不仅能够促进脂肪的消耗，还能够有效地控制体重和实现减肥目标。

对于某些疾病患者，如患有"文明病"及其他疾病的，经过医生诊断，开运动处方，进行科学的身体锻炼——进行体育医疗，可以恢复机体健康和功能。

总之，我国古代名医华佗的"动摇则谷气得消，血脉流通，病不得生，譬犹户枢不朽是也"和著名医药学家孙思邈的"人若劳于形，百病不能成"的养生思想，已被现代科学所证实，也被越来越多的人所接受。

5. 可以达到延年益寿的效果

我国有关长寿的最早记载当推殷商典籍《尚书》中有关"五福"的文字："一曰寿（百二十年），二曰富（财丰富），三曰康宁（无疾病），四曰攸好德（所好者德福之道），五曰考终命（自终不横夭）。"[①]"这五福"中，就有福是关乎健康长寿的含义。大量的事实证明，参与体育运动能够促进身体健康，激发人们内心的乐观情绪。运动能使人体内各组织器官发生适应性变化，从而达到增进健康，增强体质，防治疾病的目的。现代医学领域普遍认为，人体的主要"敌人"是"不使用"，大多数人的器官是锈坏的，而不是用坏的。由此可以得出结论，长寿的原因虽然多种多样，但是科学的身体锻炼仍然是至关重要的因素之一。

通过身体锻炼，可以有效地延缓人体机能的衰老进程，从而延长寿命。这一过程的根本原因在于促进新陈代谢，维持有机体与各个器官的生命力，控制体重、预防与治疗中老年易患疾病，持续提高对外界环境的适应能力。当然，从事身体锻炼，尤其是对中老年人来说要适度。

（二）调节情绪、锻炼意志

1. 可以调节情绪、振奋精神和帮助人积极休息

目前，有人提出"精神卫生"的理念，主张保持心情愉悦、精神愉悦，对于预防和治疗疾病以及促进身体健康，均具有积极的影响。有些人主张，每个人的身体内都蕴含着一股最有益于身体健康的力量，那就是情绪的积极力量。所谓"良好的情绪"既包括积极乐观的心理状态，又包括不为外界事物所左右的平静心态。情绪的良好状态可以被视为一种治疗疾病的"灵丹妙药"，这种"灵丹妙药"具有无法估量的医疗价值，通常会产生两种效果：一是替代引起

---

① 管理36计. 古人说的"五福临门"，是哪5福？对号入座，看看家里有几种福？[EB/OL]（2019-08-23）[2023-03-10]. https://baijiahao.baidu.com/s?id=1642630025738853703&wfr=spider&for=pc.

神经紧张的负面情绪，消除或减轻由不良情绪所引起的疼痛等不适；二是脑下垂体也可发挥作用，用于维持内分泌系统的适度平衡，从而产生愉悦的情绪体验，令身体感到舒适愉悦。

长期以来，许多人已经意识到身体锻炼可以增强身体素质，但对于调节情绪、振奋精神以及实现积极性休息的作用，他们的认识还不够深刻，特别是缺少锻炼习惯和基础的人，更是缺乏此种体验，所以他们很难从中获益。

人体内的温度、血压等，都处于一种相对稳定的状态，只有在有限的范围内发生了微小的变化。因此，人们要想使自己的身心达到完美的和谐状态，就必须有良好的心态和情绪反应。情绪的良好表现在于维持与平衡整个心理状态，它有助于维持与促进有机体的整体稳定。参与体育锻炼，能够有效地分散注意力，很好地调节情绪，同时在中枢神经系统的有效支配下，对有机体内部各个方面的相互作用产生积极影响，使之更加协调地活动起来。此外，对情绪和精神进行相应的调整和平衡，也可以产生积极的影响，特别是对体育有着浓厚兴趣与爱好的人而言，这种效果表现得更加突出和明显。所以，体育运动一方面能使人们获得健康和快乐，还可提高他们的智力水平和工作能力；另一方面对于消除精神紧张和焦虑状态，提高机体的抗病力都有一定的效果。对于身心疲惫、情绪沉重或受到强烈刺激的人而言，身体锻炼的时候必须谨慎从事，因为过度劳累不仅不利于身体健康，还可能给自己带来严重的后果，甚至导致死亡。疲劳是人类在工作、学习和生产劳动后，由于有机体的生理过程发生障碍导致的反应，中枢神经系统在其中扮演着主导角色。适当的身体锻炼，可以为大脑与有机体的各个组织系统，提供更多的营养物质，从而促进它们的新陈代谢。通过为中枢神经系统，得到充分的休息，可以消除身体与各个部分因疲劳引起的失调，从而不断提高人体机能与增强体质。

2. 对培养与锻炼良好的意志品质和高尚的情操具有积极作用

人的意志是一种心理状态，它能够自觉地支配自己的行动，克服各种困难，从而实现特定的目标，就某种程度来说是人类意识能动性的高度凝聚和表现。意志行动呈现出三个显著特征：一是以自我意识明确目标为导向的行动；二是和克服困难密切相关的行动；三是以自由运动为基础的行动。人们的意志品质因生活实践与所受教育的差异存在不同，然而优秀的意志品质，应该是向着进步与高尚的社会价值方向发展，其中包括坚持性、自觉性等方面。在追求目标

的过程中，我们所拥有的精神状态，与各种困难作斗争的能力，被称为精力；毅力是一种可以在漫长的时间里保持旺盛的精力，不断地克服各种困难并持之以恒的品质；所谓高尚的品德是由一定的思想修养、道德品质和行为习惯构成的；情操是一种以特定事物或类别为核心，有组织的复杂情感倾向，包括但不限于对祖国的热爱、对国家和民族的荣誉感等。有些人将情感与操守融合在一起，形成了一种高度复杂的情操。

无论是在家庭还是个人中进行有组织的身体锻炼，都能有效促进良好意志品质和高尚情操的培养。因此，日常生活中有意识地加强身体锻炼非常必要。身体锻炼需要明确目标和动机，并保持良好情绪状态。否则，人们往往不会参加，即使参加也难以坚持并保持良好状态。为了达到预期效果，身体锻炼需要具备一定条件，同时要注意以下原则。实现目标需要自我约束和持之以恒的毅力。克服意志上的障碍对于长期从事身体锻炼的人至关重要，只有具备克服各种困难的毅力，才能坚持不懈地进行锻炼。因此，想要经常进行身体锻炼，必须具备这些条件。在身体锻炼时，要坚持适度强度和承受运动负荷，缺乏自觉性、坚持性和果断性，很难实现目标。

体育竞赛是在平等条件下进行公平竞争，对于培养参加竞赛者遵守规则、发扬民主团结、提倡诚实和培养拼搏顽强的精神等方面都有良好的作用。

总的来说，身体锻炼是一项旨在实现特定目标的身体活动，需要参与者以身作则和持之以恒。它既能促进人体健康和提高机体对环境变化的适应能力，又可增强人们对外界事物的兴趣与信心，还可以培养良好的意志品质及社会交往能力。也正是因为如此，这并非仅是一种口头陈述，而是一种更为深刻的表达，需要认真实践，这对于培养与锻炼意志和情操起着积极作用。

（三）丰富家庭生活内容

尽管以婚姻和血缘关系为基础的结合是家庭成员的主要特征，但因为家风、传统和我国长期传统家庭观念的深刻影响，一般家庭均拥有尊老爱幼、和睦相处的良好习惯。每个人都是独立存在的个体，家庭成员的年龄、辈分等各不相同，具有多样性，所以家庭体育活动、互相教育等方面仍然是必不可少的。

在当今社会，身体锻炼已经成为一种广泛存在的社会现象。家庭成员通过身体锻炼，除了可以使身体素质得到增强，还可以在公共场合参与各种身体锻

炼活动，从而促进社交交往和增进友谊，有助于缓解和降低老年人的孤独感。有人为了改善健康状态，寻师访友，探讨养生法，尤其是对自己健康失去信心或患有某些不治之症的人，当有人给他们传授了行之有效的健身方法，从而使日趋恶化的身躯逐渐恢复健康时，这种帮助与友谊更是难以忘怀的。

三、全民健身在家庭体育中的应用

（一）学龄前时期的家庭体育活动

在学前阶段，家庭体育的关键使命在于培养儿童的身体素质、运动技能和技巧，以促进其全面发展。学前儿童在相当早的时期就开始形成各种基本动作（行走、奔跑、跳跃、攀登、投掷），但是，只有在正确的体育教育中，他们才能形成正确的动作。

除了生活必需的基本动作外，对学龄前儿童还进行旨在加强个别肌肉群（手臂、腿脚、躯干）的练习。游泳、滑雪、滑冰、骑自行车等各类体育活动也能促进他们的发育。

学前儿童在家里经常是在大人的帮助、指导下进行体育活动和游戏，也常同邻居同龄儿童玩耍，进行走、跑、投各种基本活动，从而使身体得到发展，体质得到增强，同时也交流了感情，促进了友谊，从小开始培养团结互助的精神。

（二）儿童少年时期的家庭体育活动

儿童少年正处于生长发育时期，身体各组织器官尚未成熟，生理机能较弱。经常从事体育活动，对促进生长发育，提高健康水平，可起积极作用。而不合理的体育运动，则可能妨碍正常的生长发育，对健康产生不良影响。因此儿童少年时期的家庭体育活动，要根据儿童少年的身体发育规律和形态机能特点，合理安排体育活动，以促进其健康地成长。

儿童少年放学后，在家完成家庭作业的同时，家长或年长者应该鼓励、支持甚至陪同他们从事体育活动，对玩耍要有兴趣、爱好，养成体育活动的习惯，为终身体育打下基础。

这一年龄阶段应从事多种多样的家庭体育活动，以促使儿童少年能获得

身体全面发展，尤其应多从事奔跑、徒手操、球类、游泳、滑冰和各种游戏之类的活动。要注意避免过早从事单一性的活动内容，尤其不要采用过长的距离跑步，发展一般耐力或单一从事举重练习锻炼身体，防止提前骨化，影响身高。

特别要注意儿童少年正确的姿态坐、立、走、跑等基本技能的形成，家长和年长者应采用一系列有效方法，纠正错误动作和不良姿态。

对健康的儿童少年来说，应采用有氧代谢和无氧代谢相结合的锻炼方法，并以有氧代谢为主。不宜采用强度过大、持续时间过长的练习，从而造成运动负荷过大，使身体过累，疲劳难于消除。

（三）青壮年时期的家庭体育活动

据调查统计，青壮年时期是从学校走向社会、成家立业的阶段。相比其他年龄段，这个时期参与体育活动的人口比例较小。主要原因有两点：（1）青壮年的体育活动组织没有像在校学生那样严密，加之老年人身体逐渐衰退，对参加体育活动的需求不是很迫切；（2）家务劳动和工作任务较繁重。尽管他们在青少年时期已经奠定了终身体育的基础，但仍应高度重视壮年时期的体育活动。因此，对于青壮年来说，进行家庭体育活动十分重要。

开展青壮年家庭体育应注意针对青壮年所从事的工作、劳动的职业特点，联系家庭环境与条件，选择合适的家庭体育内容进行锻炼，应促进身体全面发展，防止职业病，增进健康，增强体质和得到积极性休息；根据家庭成员的组成，青壮年人应发挥在家庭中的骨干、带头和指导作用，既帮助、带动和指导年幼者从事体育活动，也支持鼓励长者坚持家庭体育。

（四）中老年时期的家庭体育活动

中老年人的家庭体育应注意必须掌握各自的身体情况，确定锻炼目的，选择合适的锻炼内容与方法。选择锻炼内容的基本依据是：（1）有利于老年人身心健康；（2）简便易行和易引起兴趣、爱好，有可能长期坚持；（3）便于检查锻炼效果。

中老年人的家庭体育锻炼应是经常性的，运动负荷应适量。最好把锻炼安排在作息制度中，运动负荷所引起的机体疲劳，当天可以消除。不要盲目增大

负荷量。锻炼应全面，促使身体保持协调发展。应注意发展柔韧素质，坚持保持正确的姿态。应有各自的自我监督和预防意外的方法。

第三节　全民健身与社区体育

一、社区体育的现状和趋势

（一）社区体育的现状

1. 社区体育管理机制

现如今，我国城市基层社区体育的治理机制正在逐步构建之中，暂时还没有形成一个相对成熟和完备的治理框架和机制。我国城市社区体育组织的管理模式主要以社区体育协会为核心，辅之以其他区域性体育协会，组织结构呈现出明显的基层化特征。从整体上看，全国各地区均有自己独立的社区体育协会。社区体协是由社区办事处作为支撑，社区单位与居委会作为参与单位共同组成的，由于各方面因素的制约，社区体协的作用未能充分发挥出来。社区体育协会属于上位管理型组织，下位活动组织包括专门的体育协会、体育俱乐部等，这些基层组织虽然不直接参与具体工作，但它们之间存在着密切的联系。在当前阶段，社区体育与单位职工体育紧密相连，因此社区单位体协，不仅接受本单位的直接领导，还接受其间接领导。随着社会主义市场经济体制的建立，企业走向市场，居民进入家庭，社区体育作为一种社会化、产业化的运动形式，已成为社会体育发展中一个不可缺少的组成部分。城市社区体育已经完全将群众体育"以条为主"的管理体制突破，在纵向上将群众体育逐渐深入到城市最基层，最终形成了一种全新的群众体育管理体制，即"条块结合""以块为主"。这种新型管理体制既不同于传统体制下的单位制和行政管理模式，也有别于以社会力量为主体参与管理的自治性模式，它具有自身特点和优势，符合当前形势发展需要。我国将通过建立这一管理体制，为实现群众体育的普及化和生活化提供有力的组织支持和保证。

我国城市社区的体育组织形式多种多样，主要包括社区体育协会、住宅区

体育协会等，它们分别代表不同层次和类型的社区体育发展水平，在开展群众性体育运动中发挥了积极作用。广大民众参与体育健身活动的主要场所有两个，一是城乡社区体育指导站；二是活动点。近几年，随着基层体育指导站数量的不断增加，为社区体育组织网络的建立和完善打下了坚实的基础。

2. 社区体育活动状况

社区体育的活动形式包括日常例行活动和定期举行的体育竞赛，这两种形式各具特色。日常性活动通常在晨、昏两个时间段内的活动站开展，然而由于场地条件的限制，活动规模大小不一，其中主要以小规模活动为主。经常性体育竞赛是由政府组织开展的，一般每年举办一次，有些体育比赛被安排在假日，有些则按照季节组织和举行。

社区内的体育活动呈现出多样化的形式，所包含的活动内容也存在着相当大的差异。随着我国城市生活方式变化及居民健康意识提高对体育锻炼需求逐渐增加，以促进人身心全面发展为宗旨的"日常"健身锻炼已成为当前社会的一种时尚。现今，日常性晨晚练活动，已成为日常生活中不可或缺的一部分，其中包括步行、奔跑等五大类别，这些活动具有明显的韵律性、表演性等特征。随着社会经济的发展和居民生活水平的提高，群众文化事业得到了空前繁荣，群众性健身娱乐组织应运而生。社区内的体育竞赛项目繁多，选择大多和当地的体育传统、场地设施条件息息相关，尤其是具有娱乐性和趣味性的活动更受欢迎。社区体育活动的参与人群，因活动形式的多样性，表现出明显的不同，日常性晨晚练活动多集中在附近居民，其中老年人则占据了相当大的比例。

制定体育竞赛活动计划的时候，考虑到不同人群的需求和特点，制定的计划通常具有较高的可规划性和综合性。例如，在家庭运动会、楼群运动会等体育盛事中，参与者包括年过八旬的长者和一群年仅六七岁的少年儿童。为了使运动员和观众更好地参加体育运动，各地都建立起体育协会或相应的群众团体，对不同年龄段进行分类指导，并设立各种比赛项目，有的社区还举办了专门针对残障人士的竞赛活动。

3. 社区体育活动的管理和指导

社区体育活动的管理者主要由兼职工作人员担任，辅之以专职人员。义务服务是体育指导者的主要职责，有偿服务则作为其辅助手段。社区体育管理组织形式单一，没有形成统一领导、协调有序的管理体制，缺乏有效的运行机制

和激励机制。由于社区体育工作的复杂性和管理者的多重职责，他们难以将大量精力投入其中，目前我国社区体育组织管理存在着管理体制不完善、缺乏专业指导力量等问题。离退休人员是晨晚练活动站的主要体育指导者，受过专业培训的人寥寥无几。随着我国体育事业的不断发展，对基层体育指导人才也提出新的要求。近几年，群众体育工作队伍初步形成，以体育行政管理人员为主导，以体育社会团体人员与乡镇、街道体育干部为主线，同时以社会体育指导员为主体的社区体育活动管理体系正在逐步形成。

4. 社区体育物质条件

现如今，社区内的体育活动主要在五个不同的场所开展，分别是社区单位的体育场馆、公园、空地、江河湖畔以及社区公共体育场地设施。其中，社区单位体育场馆是我国社区体育的基本场地之一，也是开展全民健身工作中最为普遍使用的场地。随着人们对体育需求的不断攀升，现有的规范场地设施已无法充分满足实际的需求，因此人们已将体育活动场所拓展至公园、空地以及江河湖畔，这些场所逐渐成为各地晨晚练活动的主要场所。

当前，基层社区活动的经费来源主要包括三个渠道。第一条渠道是通过个人缴纳会员费或者比赛报名费来获得。为了解决晨晚练活动站的经费问题，采用了多种方式，包括缴纳会员费、培训费等。因为这些费用都是在会员中自己承担，所以一般不会影响居民参与体育健身运动的积极性。这种形式虽然能满足一定程度上对健身需求，但由于存在着"大锅饭"问题和收费标准不一导致了管理成本高、服务效果差；第二条渠道是社区拨款。对参加晨练活动的居民给予一定补助，并由财政拨付给各体育部门和学校，用于开展晨练服务所需的场地器材费用。社区的经济实力决定了拨款金额的多少，有的高达数十万元，有的则仅有数千元。目前，社区还没有统一规定具体数额；第三条渠道是社区单位通过集资和赞助的方式，共同参与项目的实施。为了筹集资金，通常会采用缴纳会员费、团体报名费等多种方式；赞助是在举办大型赛事时采取的形式，从而达到扩大企业知名度，同时促进产生销售的目的。

5. 社区体育存在的问题

一是经常参与体育锻炼活动的人，年龄呈现出一种"中间小、两头大"的趋势。老年人和在校学生是积极参与体育活动并持之以恒的人群。中青年人，特别是在职的职工，参与体育锻炼的人数寥寥无几。

二是社区居民所需的运动场所和公益性健身设施仍然不足。当前，广大民众对于健身活动的需求日益增长，而现有的体育场馆仍未达到足够的数量，无法充分满足他们的健身活动需求。

三是社区体育事业的发展面临着资金短缺的挑战，资金投入不足，难以满足工作需要；社区体育设施建设滞后，不能满足居民日益增长的健身需求等问题制约了我国社区体育的发展；社区内缺乏高素质的体育人才，导致体育教育质量不尽如人意；社区内的体育组织网络存在着不完善的情况。

（二）社区体育的发展趋势

1. 社区体育组织网络化

在时代的影响下，人们的体育利益取向不断演变，社区体育必须建立起网络化的组织体系，以满足居民日益增长的体育需求。作为城市基层的政府派出机构，街道办事处是城市基层社区的重要管理部门，具备相应的责任和能力，有望成为社区体育组织网络的重要支撑。

2. 社区体育主体多元化

由于社区化趋势下，学生、在职人员及其他人员的体育利益取向日益多元化，因此社区体育活动的日常参与者可能仍以离退休人员为主，这是由于他们的闲暇时间限制所致。因此，对社区体育活动场所及设施进行整合和规划，并在此基础上建立完善的社区体育服务体系是解决这一问题的有效途径之一。社区体育活动的参与者，将在周末和节假日呈现出多样化的发展趋势。

3. 社区体育活动业余化

现如今，社区体协和一些区域性体协所举办的活动，尚未达到完全的业余化水平。随着企业经营机制的不断加强，事业单位的进一步精简，工作节奏的加快，非业余化的体育活动将面临日益多的束缚和限制，这些活动将在清晨、傍晚、周末以及节假日得到充分地灵活利用，从而提高社区体育活动时间的业余化程度。

4. 内容与形式多样化

随着人们对体育需求的持续攀升，对多样化的体育活动内容与形式的需求也日益增加。由于社会经济发展水平的不均衡，不同地区居民的生活方式存在着较大差异，因此在同一区域内，人们从事的体育健身项目也不尽相同，造成

了不同地域之间体育健身活动时间上的不同。在晨晚练活动中，人们将继续倾向于那些具有韵律性、表演性以及传统性的活动内容，这些活动受到人们的青睐。在晨晚练过程中，除参加基本体育锻炼外，还可进行各种健身娱乐项目或游戏。随着社区体育设施的优化和完善，人们越来越倾向于参与更具竞技性和非竞技性的体育活动项目。由于晚练活动与每年几次比赛、表演的不足，社区成员的体育需求将无法得到充分满足，因此各种形式的体育活动与竞赛，如楼群、庭院等活动，将会得到进一步的发展。

5. 设施利用率提高

由于社区的发展滞后，导致社区内的体育场地设施缺乏。同时由于条块分割的存在，社区内的体育场地设施利用率并不高。然而，随着人们对体育需求的持续性增长，体育价值取向的改变，全民健身计划的实施以及社区的进一步发展，社区体育场地设施的建设与现有体育场地设施的充分利用将会得到推动。

二、社区体育在全民健身中的重要性

社区作为精神文明建设和全民健身计划实施的载体，对我国社会体制改革和体育事业发展，均具有十分重要的作用和意义，因此不可忽视。社区建设作为社会发展与体育事业全面发展的基石，是推动社会进步和促进社会繁荣的重中之重。作为社区建设重要组成部分的社区体育，成为全民健身活动的首选途径，这一点毋庸置疑。社区体育为全民健身工程提供良好环境和条件，全民健身工程为社区体育创造条件。两项工作相辅相成，相得益彰。作为全民健身计划实施的"根据地"，社区是人们日常生活中不可或缺的重要基石。

（一）推动社会转型

改革开放和经济的发展，单位体制淡化，依赖工作单位生活的"单位人"向"社会人"转变。随着时代的发展，人们开始依赖于市场与社区，而非单纯地依赖于单位来满足生活的不同需求，社区成为人们的主要活动阵地。时代的进步和科技的发展，促使人们的生活方式和健康观念发生变化，同时在其影响下对体育的需求也与日俱增，现如今健身娱乐已经成为社区居民生活中不可或缺的一部分。这些变化要求基层社区发挥体育整合、体育服务和体育管理功能，

建设和发展社区体育。另外，市场经济的发展和经济类型的多元化以及人口的老龄化，游离于单位以外的自谋职业者增多，他们体质的提高和健康管理更加依赖社区体育的发展。这样，客观上就要求社区进一步发展体育服务。

（二）提高生活质量

随着综合国力的增强，生活水平的不断提高，居民的生活逐步从"温饱型"向"小康型"转变。通过推广科学、合理的健康健身项目，策划多样化的有趣的体育活动，提供周到的体育服务，使社区居民在参与社区体育活动的过程中，逐渐养成积极向上的文化娱乐生活习惯，从而在潜移默化中形成科学文明的生活方式，持续有效提升社区居民的生活质量。

（三）改善人际关系

社区体育是以自愿、自由、自主的形式开展活动，它以轻松愉快、平等自由的方式为社区成员提供社交场所。体育活动讲求民主、平等、公正、协作等精神，加上轻松愉快的活动方式，有助于促进成员之间的社交互动。社区体育作为一种社会文化现象，是以人为对象，以增进人的身心健康为目的，开展的各种社会活动。通过相互交流、协作，使人们建立起信任和亲密的关系。与此同时，社区体育活动使参与者特别是青少年体会、学习到体育价值、道德规范和行为方式，并逐渐将其升华为具有社会价值的道德规范和行为方式，不仅有利于形成适应社会的个性特点，也有利于社区居民间形成良好的人际关系。

（四）增强认同意识

对社区的关心和认同意识是促进社区繁荣与发展的基本条件。认同意识的建立，需要有两个条件：一是共同的利益；二是归属感。社区成员为了自身的健康利益参加社区体育活动，并在体育活动中逐步关心起与体育活动有关的社区公共设施、绿化、公共卫生以及社区服务等问题。因共同利益产生共鸣，并因交流逐步取得一致意见，达成共识。这样多次，成员们的共同仪式就越来越强烈，最终会付诸共同的行动，表现出成员的凝聚力。此外，社区体育活动的开展，都是通过各类社区体育组织进行的，成员们参加社区体育组织，参与社区体育活动，由于其所带来的益处，成员们对于组织与社区的归属感得到了进

一步地加强，从而激发他们对社区发展的责任感和使命感，促使他们主动为社区的繁荣和进步贡献自己的力量。此外，还增强了成员参与社区体育活动的积极性，提高了他们的身体素质。总而言之，社区体育活动是一种有效的手段，可加强联系，融洽感情，从而促使社区成员更加关心社区发展，共同为社区的长治久安做贡献。

（五）完善社区服务

在社区服务的范畴中，社区体育是一项不可或缺的内容。社区居民的体育需求是社区体育的核心所在，社区体育则致力于满足这一需求，并且社区体育服务是满足这种需求的主要途径。过去的社区服务主要集中在社区成员衣食住行的便民利民服务，随着体制改革和社区建设的发展，社区服务的内容不断扩大，教育、卫生、体育、治安等服务体系也相继建立。随着国家体育事业的发展，近几年，社区体育在健身休闲服务方面也下了不少功夫，许多社区开设健身房、双休日学校、周末俱乐部、舞厅、活动中心等，组织各种趣味体育活动，满足了社区成员对休闲娱乐的需求。随着城市现代化发展和住房条件的改善，家中老人或孩子的孤独感很强烈，需要通过一定的社交活动来改变，社区体育就是一种较好的社交活动。总之，社区体育的功能对满足社区成员生活需求有重要意义，对完善社区服务，方便居民生活，促进社区发展有积极的作用。

三、全民健身在社区体育中的应用

社区体育服务是市场经济体制发展和体育事业改革的需要，也是人口老龄化发展和家庭结构小型化发展的需要，更是全面建成小康社会的一项必然要求。加强社区体育服务的发展，通过不同的方式努力提升其品质水平，对于促进我国社会转型，深化体育事业改革，推动社区体育发展和全民健身活动的开展有着积极意义。在过去几年，社区体育得到了蓬勃地发展，并取得了令人欣喜的成果。我国的城市和农村都有许多人参加了各种形式的体育锻炼，并且已经形成一种风气，对提高人民健康水平发挥着重要作用。然而，社区体育毕竟是改革过程中的新生事物，在成长过程中还面临许多困难，在发展过程中还存在许多问题。解决这些困难和问题的过程，就是逐步构建社区体育服务体系的过程。

（一）结合政府支持与社会兴办

我国社区体育服务作为一项公益事业，其蓬勃发展离不开政府的大力支持和推动，同时这也是政府义不容辞的责任。社区体育服务所面临的最大挑战在于资金缺乏、设施不足等，从而产生了许多社区体育服务不能开展或无法正常进行的局面。为了妥善解决所面临的问题，必须坚持政府的支持和社区体育的发展相互促进，共同推动社会进步的措施。同时，从体制机制方面入手，建立健全适应社会主义市场经济要求的社区体育服务体系，形成社会化、市场化运作模式。政府除了将社区体育兴办成群众性体育组织和活动作为重点外，还应该将公益性体育设施建设作为重点，同时支持和鼓励企事业单位、个人，积极开办面向大众的体育服务经营实体，正确合理引导群众进行体育消费，培育社区体育服务市场，并且进一步加强规范化和科学化管理，最终构建有利于社区体育服务健康发展的良好社会环境。

为了确保社区体育服务的正常运行，必须充分利用与提供服务资源。因此，研究和分析社区服务的资源配置问题是十分必要的。通常情况下，社区服务所需的资源可分为物质和人力两大类。其中，人力资源是决定社区体育服务质量与效果的重要因素。在我国社区体育服务领域的发展过程中，一直存在着服务需求的扩张和服务资金的不足之间的矛盾。为此，尽快建立以"政府为主，多方出资"的资金筹集机制，就显得十分重要。资金是保证社区体育服务事业正常运转的物质基础，是衡量社区体育服务事业发展水平的重要标志。由于历史的原因，我国社区服务自开展之初，就呈现政府自上而下领导和推动发展的特点。我国经济发达地区的社区体育服务之所以能在近十年中快速发展，无不得益于当地政府的积极态度和鼓励政策。可以说，还处于社会转型中的社区，如果没有政府的支持和推动，仅靠社区居民的自发参与，社区体育服务无论是规模还是质量都不可能满足人们对体育的需求。

社区体育服务作为社区服务的内容，相当一部分属于政府的责任范围，比如用于健身的大型基础设施的规划、设计和修建等。因此，政府投入始终是社区体育服务的主要资金来源。政府投资的形式分为财政拨款和无偿提供健身场地设施或相关服务的减免税收等方式。只有坚持以政府支持为主的投入方式，才能从根本上避免用有偿服务代替本应是无偿服务或有公益性服务的现象继

续存在，才能真正确保广大社区成员人人享有参与健身、娱乐的权利。

政府对社区体育服务的支持还涉及社区体育服务政策的研究、制定和推行，社区体育服务的规划和实施，社区体育服务标准的制定和实行，社区体育服务机构的审批，行政立法和监督等。具体内容为以下几点：第一，政府通过各项政策推动和扶持社区体育服务的发展；第二，政府在组织上具体落实社区体育服务工作；第三，政府通过制定评价社区体育服务规范和标准，来指导社区体育服务。

政府不能也不应该包办社区体育服务。要解决社区体育服务过程中存在的一系列问题，比如人、财、物的投资等，切实推动社区体育服务，除政府支持外，还应积极动员和组织社会各界广泛参与。由于我国尚处于社会主义初级阶段，财力不足、资金短缺是开展社区体育服务的突出问题之一。通过全社会参与，可最大限度地增加筹集资金途径，以弥补政府投入的不足。社会广泛参与是获得社会捐助、加大社区体育服务资金投入的有效手段。随着社区服务的发展和公民社会参与意识的提高，各种形式的社会捐助将不断增加。这些捐助有的来自机关、企业，有的来自社会团体或个人群众身边的体育设施，既大大方便了群众参加体育健身活动，又有效地缓解了体育健身场地、设施的不足。社会广泛参与是健全服务网络的有效方法。体制改革要求政府简政放权，将"办体育"改为"管体育"。基层社区体育服务工作由谁组织和管理是新形势下面临的又一大难题。把社区体育服务放到具体的单位和体育团体中去兴办，充分发挥社会非政府组织的积极性，依靠共青团、妇联、工会等组织，学校、企事业单位和各种体育组织和实体来兴办，使社区体育的政府渠道和社会渠道贯通，社区体育管理的政府行为和社会行为相结合，才能有效地建立和健全社区体育服务网络，做到"有人管"和"有人做"，从根本上解决建立和健全社区体育服务网络的问题，以适应体制改革对社区体育服务的新要求。

（二）健全社区体育组织网络

行政管理体制的转变，对社区体育组织发展提出了新的要求。随着社会主义市场经济体制逐步建立，政府不再是管理社会与促进社会发展的唯一主体，而应更多地动员社会各方面的力量，共同促进社区体育服务的发展。社区体育

行政结构其职能由微观管理向宏观调控转变，管理方式也由行政命令向协作方式转变。体育行政机构也由过去包办体育向主管体育转变，逐渐将主办权交给社区体育组织，突出社区体育组织在开展社区体育中的主导作用。而现有的社区体育组织网络，跟计划经济体制下通过数十年逐渐建立起来的服务于竞技体育的单项运动协会，以及具有突出"单位人"特点的行业体协等体育组织网络相比，无论是规模、作用、功能等方面都有很大的差距。加之近十年来，在社区体育服务方面发生了较大变化，服务内容从最初开展单一的健身活动，向开展相关咨询，推广健身项目，组织大型活动和提供更高档次、更具个性的社区体育服务发展。参与部门也由少到多，涉及面由小到大，由当初街道办事处扩展到现在辖区内的企业、公司、事业单位和工、青、妇等社会团体以及其他社会组织。服务性质已突破了民政部门传统的便民利民服务框架，广阔地向社区行政事务、社区发展事务等方面延伸。目前，我国城市社区存在的社区体协、住宅区体协、晨晚练活动站、地区（片）体协和一条街体协五种体育组织形式已滞后于社区发展与体育服务的要求，需要一种新的方式来整合社区资源。

首先，为了尽快解决社区体育服务"有人管，有人干"的问题，政府机构中应建立健全社区体育工作的相关组织，为社区体育工作的深入开展提供坚强的组织保证。其次，为了使社区体育组织达到服务辖区大、服务覆盖面广、辐射力强的要求，有的群众体育组织在结构上突破"以条为主"的特点，逐步从"强条"向"强块""条块"结合方向发展。建立大统筹的社区体育服务体系，实现资源优化配置和设施的充分利用，为避免造成本来就十分有限的服务资源浪费，以适应居民群众日益增长的生活需要，为实现服务项目齐全化和服务网络化奠定良好基础。比如，在社区中建立学校、家庭、社会体育的一体化组织网络，不失为一种好的做法。再次，社区体育工作在很大程度上属于社会公益事业。为此，还应大力发展非政府、非营利组织，也称第三部门组织，主要从事公益性的社区服务工作。社区服务组织与政府组织的区别在于它具有独立的事业法人地位，而不是一级行政组织，它的成员不是公务员，而是社区工作者。它与企业的区别是非营利，即不以追求利润最大化为目标，而以追求社会效益、为居民提供公益性社区服务为目标。社区服务组织一般按"准市场机制"运行。所谓准市场机制，指某些方面体现市场机制，但基本上

不以市场机制运行。

这些社区服务组织在以下几个方面的运行体现一定的市场机制：（1）可以向服务对象收取一定的服务费；（2）服务组织的工作人员属于职业社区工作者，在收入上按劳分配，工资奖金可参照劳务市场的价格；（3）服务组织在成本管理方面也参照企业的成本管理原则，以降低成本、提高效益为基本原则，但是衡量效益的指标主要是社会效益而不是经济效益；（4）政府的社区体育公共服务项目委托给这些组织承担，要通过招标和签署合同的方式，要有一定的竞争性。社区服务组织是社区管理和社区服务的重要力量，要积极培育和规范管理，使其逐步承接从政府部门中剥离出来的部分社会服务职能，承担社区内的各类服务项目，满足社区成员的多层次服务需求。现在政府部门正在推进机构改革，如果没有众多社会服务组织来承接政府部门大量的社会服务工作，政府的机构改革是无法深入的。面临多样化发展的社会环境，如果没有自主发展的社会服务组织，社会管理权力在政府不同层级放与收的改革，同样不可能取得预期的效果。可以说，大力培育和发展非营利性社会体育服务组织，是目前健全社区体育组织网络的一个关键问题。

（三）加强社区体育人才队伍建设

人力资源的构成是社区体育服务得以运转的重要条件，并且是衡量一个地方社区体育服务发展水平的尺度。通过近几年的发展，我国各地社区体育队伍正在逐步向以专职人员为骨干、以兼职人员为主体、以志愿者为基础的方向发展。

1. 社区体育人才分类

社区体育人才包括社区体育的组织、管理、服务、指导等多方面人才，来源主要有：社会体育指导员、体育教师、离退休体育积极分子和社区体育志愿者等。他们对社区体育发展起着重要作用。

按工作性质，社区体育人才可分为：体育教育人才、体育管理人才、体育裁判人才等。按活动特点划分，可把社区体育人才划分为理论性社区体育人才、实践性社区体育人才和综合性社区体育人才三个类别。社会体育指导员是开展社区体育工作重要的骨干人才，他们是具备社会体育指导员资格证书、在社区从事体育指导工作的人。其执业资格须经专门化的评审，由国家认定，并分为

初、中、高和指导师四个技术等级。社区体育指导员是社区体育活动中从事技能传授、锻炼指导和组织管理工作的人员，是发展我国社会体育事业，增进公民身心健康，提高生活质量，建设社会主义精神文明的一支重要力量。

2. 多渠道开发社区体育人才

社区体育人才资源的开发是加强社区体育管理与建设的重要内容。目前我国社区体育的发展尚属初级阶段，社区体育的发展还存在着"三缺"现象——缺社会体育指导员、缺社区体育参与者、缺社区体育设施。相比较而言，社会体育指导员数量是最紧缺的，到 2019 年底，我国主要从事社区体育工作的社会体育指导员仅 15 万余人[①]，这给社区体育的发展带来了很大的障碍。尽快建立一支专职为骨干、兼职为主体、志愿者为基础的体育服务队伍迫在眉睫。现在我国社区体育的管理者多为社区行政干部，以兼职为主、专职为辅的体育专家很少。经过社会体育指导员培训，获得社会体育指导员资格的指导者相对于我国现有体育人口而言人数比例太少。加上我国尚未建立"等级社会体育指导员"的定期培训或进修制度，即使是已经取得社会体育指导员任职资格者，也很难保证他们能够适应时代发展的新要求。这使社区体育工作的科学性、合理性和连贯性受到一定影响。

从我国社区体育的发展现状出发，选拔和培养社区体育人才，不仅要依靠现有的社会体育指导员培养机制，培养具有社会体育指导员任职资格的社区体育指导者和管理者，还要积极吸收广大社区体育积极分子和志愿者，合理地选拔和引用人才，充分调动社会的零散力量，改变因社区体育发展较快而造成的社区体育人才资源相对匮乏的状况。为了拓宽社区体育人才培养的渠道，积极选拔和引进社区体育人才，应充分利用体育教师、体育保健工作者、心理咨询员，将他们纳入社区体育人才资源，加快社区体育队伍的建设和发展进程。充分发挥社区范围内的大、中、小学体育教师的作用是改变这种状况的有效途径之一。体育教师不仅具有丰富的理论知识，还具有开展体育竞赛、组织体育活动的丰富经验，充分发挥学校体育教师的指导和管理才能，在一定程度上能缓解目前我国社区体育专门人才紧缺的问题。

[①] 宫彩燕. 全民健身体系研究［M］. 长春：吉林人民出版社，2020.

第四节　全民健身与农村体育

一、农村体育的现状

随着农村经济的发展和农民生活水平的提高，我国农村体育工作取得了很大的成绩。一部分地区的农民以自愿为原则，以民族传统体育项目为主，既锻炼了身体，又丰富了文化生活。同时也利用体育活动，做到了以"体"会友、以"体"会商，促进了农村经济发展和地区间的经济交流。全国不少地方出现了农民生活水平提高带动体育发展，体育发展促进精神文明建设的先进典型。同时，农村体育的发展也有力地促进了我国竞技体育的发展。

在充分肯定农村体育工作取得实效的同时，我们也必须正视，当前我国农村体育工作仍存在一些不容忽视的问题：一是广大农民的身体素质不尽如人意；二是对农村体育工作的重要性认识不够。一些地方党委和政府忽视农村体育工作，没有把体育作为农村社会主义精神文明建设的重要方面并摆到一定的位置，认为体育是可有可无的事情。相当一部分农民，尤其是农村领导干部观念意识不强，认为农民是体力劳动者，不需要参加体育锻炼；三是农村体育在农村社会主义精神文明建设中没有发挥应有的作用，极少开展农村体育活动；四是行政机构改革后县级体育部门与其他部门合并，未处理好部门中不同类型工作的关系，削弱了体育工作，使体育的专职干部和专项经费减少。

二、农村体育对实施全民健身的重要性

（一）依法统筹安排全民健身

政府行为是国家行为，代表着政府的形象与国家的声誉。要从战略高度认识农村体育工作的重要性，把农村体育作为农村社会主义精神文明建设的重要方面和展现社会风貌的窗口，把全民健身活动作为提高国民素质的一项重要内容纳入政府工作序列，逐步使体育成为亿万农民生活中不可缺少的部

分，积极引导和组织农民形成健康、科学、文明的生活方式。体育工作应列入议事日程，建立和完善相应的规章制度，统筹规划，合理安排，从制度上保证体育工作的落实，把开展体育工作的情况逐步作为考核各级政府工作业绩的指标之一。

（二）监督全民健身活动的开展

县级机构改革前，乡镇没有体委的"腿"，乡镇无管体育的机构，体育成了可有可无、无足轻重的事。机构合并后，县文化体育行政部门赋予镇乡文化站管理体育的职能，有的改称文化体育站，原来的文化专干改称文体专干。镇乡文化体育站的建立，妥善解决了县级体育工作"有头无尾"的现象，使县级全民健身活动的组织体系进一步完善。镇乡文体站的建立，为村级体育活动开展创造了条件。特别是与农村联系最为紧密的乡镇干部中要有专人分管这项体育工作，做到工作有计划，锻炼有场地，活动有组织。

（三）服务全民健身活动

已建立的多功能室主要有以下四大功能。一是凝聚。综合服务室建成后，村级组织实现了办公有固定的地点，活动有规范场所，村务管理有集中阵地，提高了村级组织的号召力；二是服务。通过抓服务功能的完善，极大地方便了群众的生活；三是创收。以综合服务室为依托，增加集体收入；四是扩展。依托农村村级组织综合服务室，作为文化健身活动的切入点，采取多种措施组织群众健身活动。这一做法值得被推广；五是解决因地制宜问题。农村所占面积大，而且经济条件差异大，要使村村都一般齐地发展是根本不可能的，也是不实际的。从实际出发，在注意整体推进全民健身计划时，应着重考虑有代表性的村，以此为典型，带动上面的活动。

（四）培养支持全民健身的体育骨干

近些年一些地方的实践证明，农村体育和农村其他工作一样，只要选好带头人，农民就会积极响应，大力支持。镇乡要注意发现和培养体育积极分子，以他们为骨干，把农民组织起来，使更多的农民参与到体育活动中去。

三、全民健身在农村体育中的应用

（一）完善农村体育的运行机制

1. 全民健身是各级行政组织的主渠道

国家体育行政部门对县级体育工作十分重视，在县级机构调整中，一些县的体委相继撤销，组建了文化体育局或广电文体局。这种变更是县级经济和社会发展的要求，也是管理体制改革的必然，不是简单的职能重叠，而是新的运行机制的产生。无论机构是否改革，其体育事业基本上是人员未散，经费未减，场馆未少，活动未断。这为进一步形成开展全民健身活动奠定了良好的基础。在实践全民健身活动过程中，针对农村的实际状况，应采取"一个为主、四个依靠"的政策，即以政府行为为主，依靠各部门，依靠基层，依靠各协会，依靠企业和个人资助，推动健身活动的逐步开展。

2. 全民健身建立农村体育组织网络

开展农村体育活动，首先必须建立健全农村体育组织网络，充分发挥农民体育协会、农民体育俱乐部、体育辅导站等基层体育组织的作用。特别是要以乡镇文化站为中心，发挥其阵地作用，以农村体育积极分子（复员退伍军人，高、初中毕业回乡青年）为骨干力量，进而推动农村体育发展。

3. 全民健身与农民体育协会互补

体育行政部门是政府管理体育工作的机构。县级体育行政部门不论是单设或是合并办公，都承担着发展农村体育的任务，都要对农村体育进行管理、组织和投入。县级体育行政部门的工作代表着政府对农村体育的认识程度，反映对广大农民的关心和爱护，也体现对"三农"工作的重视。农民体育协会由于其组织的自发性、业余性，有相当的积极性和号召力。县级体育行政部门在组织农村体育活动时，要充分尊重农民体育协会的意见，放手让他们去组织，调动他们开展体育的积极性。农民体育协会要主动争取县级体育行政部门的指导，把自己的活动纳入统一规划，使活动更具有影响力和号召力。

（二）突破农村体育的运作方式

1. 全民健身做到因地制宜

我国有近九亿农民，从某种意义上讲，没有农民体育也就没有全民健身。

"亿万农民健身活动"已连续开展了二十多年，积累了丰富的经验，取得了显著的成绩。要在此基础上，下大气力，进一步加强合作，抓出新的成效来，使经常参加体育健身活动的农民人数逐年有所增加。要结合农村实际，探索适合农民特点的体育活动方式，提高农民参与体育活动的比例。农村体育与其他各类人群的体育不同，要照顾农民的生产生活特点，因时、因地、因人、因项目开展农村体育工作。因时就是要区别农忙和农闲、冬春和秋夏等不同季节，多在农闲和冬春以及春节期间开展体育活动；因地就是要考虑南方和北方、平原和山区不同的自然条件；因人就是开展适合不同年龄、不同性别、不同民族特点的体育活动；因项目就是把农民传统体育项目与现代体育项目结合起来，只要农民有积极性、有兴趣，就要鼓励和支持。

2. 全民健身分类指导农村体育经济

我国地区差异较大，农村经济发展不平衡，开展农村体育可以采取不同的对策。富裕地区如长江三角洲、珠江三角洲等地区要通过发展体育市场，鼓励农民自己投资，开展体育活动，走体育社会化、产业化的路子。贫困地区要根据当地实际，以政府为主导，通过开展体育活动，帮助农民改变传统观念，立志、立教，促进扶贫、开发。对西部地区要加大支持力度，尽快全面实施"雪炭计划"。

3. 全民健身利用节日引导农村体育发展

农村聚会一般选择在节日。要利用节日人们聚集的机会，开展群众体育活动。各地在元旦、春节、国庆期间都要开展文化体育活动，举行拔河、篮球、乒乓球等比赛。少数民族地区还可以举办有民族特色的比赛项目。特别是春节假期，时间较长，人们聚会机会增多，安排好春节度假，过好喜庆文明的节日，也是各级地方政府的责任。近年来各地都把体育活动作为春节度假的一种重要形式，使春节活动更加丰富多彩，起到了寓健身于娱乐的作用。

4. 全民健身改善农村体育条件

认真贯彻执行《中华人民共和国体育法》，切实改善农村体育设施条件，在场地、经费等方面保证对农村发展体育的投入。进一步开展好农村体育先进县和体育先进乡镇的评选，以先进带动后进，不断提高"四大件"体育设施的标准，做好农村乡镇的全民健身路径的建设。各级政府要加大对建设农村体育设施的支持力度，把体育设施建设统一纳入城镇建设规划中去。新兴城镇的体

育设施建设必须与城镇总体建设相配套。随着我国体育社会化、产业化的发展，体育经费来源渠道增加，政府财政的投入在体育运动设施建设总投入中所占比例可能减少，但投入的绝对数应当随着物价的上涨和财政收入增加而逐年递增。这是由体育的社会公益事业性质决定的，在贫困地区更为重要。

第四章
全民健身的运动方式

本章介绍了全民健身的运动方法，主要包括田径运动、球类运动、健美运动、时尚运动、传统武术五种，通过不同的运动方式能提升人民的全民健身意识，更好地推动全民健身的实现。

第一节　田径运动

一、健身走

（一）健身走基本动作技术

在健身走的过程中，采用正确的走姿，不仅可以反映出一个人的美育和体育素养，给人们建立一个美好的形象，同时还能促进人体各器官正常的生长和发育。

1. 步幅

在健身走的过程中，人体的步幅应自然而舒适，步幅过大会降低动作协调性，并使机体过早地进入疲劳状态。健身走要求踝关节以上的整个人体稍向前倾，在相对放松的情况下自然地确定步幅。

2. 摆臂

健身走的时候，应注意摆臂时肩关节要充分放松，肘关节弯曲 90° 左右为

宜。如果很好地活动两臂而不是让它在身体两侧随意晃动的话，步行可以成为名副其实的全身运动。摆臂的主要作用是保持运动中身体平衡，锻炼肩部肌群，并促进血液循环，保证人体在运动中各种生理活动的正常进行。

3. 身体姿势

步行中的身体不能僵硬，头部和躯干应保持正直，小腹微收。快速行进时身体略向前倾。良好的身体姿态，不但对步行有益，而且还有助于在日常生活中展现挺拔的身姿和自信的形象。

4. 步行速度

如果能保持稳健而又轻快的步伐，那么就可以使健身走的健身效果得到更充分地发挥。以普通锻炼者为例，选择 80～110 米/分的速度对他来说是较为理想的。如果以步频来推测步行速度，那么 120 步/分是比较合适的基础频率[①]。

当然，步行的速度最终还是由练习者的身体条件和兴趣爱好而定。

（二）健身走的走法

1. 足尖走

在走的过程中上体正直，起踵，两腿伸直两臂前后摆动用足尖走。足尖走主要用于发展小腿三头肌和拇长屈肌，增强踝关节和足弓的力量。

2. 散步走

在走的过程中，人体保持自然正直，抬头挺胸收腹，两肩放松，两臂自然下垂并协同两腿迈步自然前后摆动，两腿交替向前迈，用脚跟着地，然后过渡到全脚掌。步幅因人而异，一般每步 1～2 脚长。

3. 倒退行走

倒退行走即向后行进，倒退行走时两腿交替向后迈步，增强了大腿后肌群和腰背部肌群力量，同时还保健小脑，有利于提高人体的灵活性、协调性。从种类上来说，倒退行走主要分为摆臂式和叉腰式两种。在行走时，保持上体自然正直，放松腰部，不要后仰也不要抬头，保持眼睛平视。以右腿为支撑，左腿屈膝后摆下落，先用左前脚掌着地，然后滚动到全脚掌着地，身体重心随之转移到左腿上。使用相同的方法，交替使用左右腿向后迈步。同时，两臂与腿

---

① 杨璞，侯晓云，于丹丹. 每分钟 120 步，锻炼效果最好［J］. 家庭医药：就医选药，2014（1）：1.

部动作配合，自然地前后摆动。步幅大约为 1～2 脚长。

4. 踏步走

作为原地走步或稍有向前移动的一种特殊走法，踏步走是一种非常安全的锻炼方法，几乎人人都会，不受任何限制，可锻炼下肢、腰腹部肌肉和内脏器官系统的机能。在走的过程中，要保持身体姿势要求身体直立，两臂自然下垂或屈臂。踏步走时两腿交换屈膝抬腿或前脚掌落地，两臂协同两腿前后直臂或摆动，屈膝抬腿至髋高达到抬腿最高点，直腿或屈膝落地均可。

5. 弓箭步走

在走的过程中，要保持上体正直，挺胸立腰，两手叉腰，腿前迈成弓箭步，左右腿轮换练习。弓箭步走能全面地发展下肢的屈肌和伸肌，增强下肢尤其是髋、膝、踝三关节的力量。

6. 正步走

在走的过程中，上体保持正直，挺胸立腰，脚向正前方踢出，高约 20 厘米并绷紧。在约 75 厘米的地方用力使全脚掌落地。手臂前摆时肘部弯曲，小臂平直，并摆至三、四衣扣之间。正步走能锻炼下肢肌肉力量，同时还能展现人的身体姿态。

7. 快步走

快步走是一种步幅适中、步频加快、步速较快、运动负荷稍大的走步。据美国健康学专家最新研究证实，"快走"的健身效果要胜过"慢跑"。因为快走比慢跑消耗更多的热量，而且快走不易对足部、踝关节造成伤害，更为安全。在走的时候，人的身体适度前倾 3°～5°，抬头、垂肩、挺胸、收腹收臀。在走步过程中，两臂配合两腿协同摆动，前摆时肘部成 90° 角，手臂高度不得高于胸部，后摆时肘部成 90°，两手臂在体侧自然摆动，两臂摆幅随步幅的变化而变化。双腿交换频率加快，步幅尽量稳定，前摆腿的脚跟着地后迅速滚动至前脚掌，动作要柔和，后脚离地。

8. 负重走

双手握轻一点的哑铃步行（饮料瓶中加水可做临时哑铃）。也可以在小腿上绑重物步行。由于手中有重量，所以手臂下沉，可以加强胸大肌、背阔肌、三角肌等上身肌肉。小腿负重，可以增强腿部力量，负重物应注意从轻重量开始。

9. 疾走

疾走是在保持正确的走动姿势的基础上，上体适当前倾，并保持快速地向前走动。由于走动速度较快，可动员更多的肌肉参与，增加血液循环，提高呼吸系统及心血管系统的功能。此外，还可以在沙滩、鹅卵石的地面上疾走。疾走的速度大约为 150～200 米/分钟。

10. 康复走

通常情况下，根据针对群众的不同，可以把康复走分为自立型、辅助型和借助器械型三种类型。

（1）自立型

这种类型的健身走主要是针对自身疾病暂时没有影响到走步能力的人群，大多数情况下会采用健身走中的常规型走法。以心血管疾病的人群为例：患有心血管疾病的人群一般采取慢步走运动，根据运动者的具体情况制定初次运动量和运动强度，一般使心率增加到每分钟 100 次左右，每次 30 分钟，每日 1～2 次，4 周为 1 个疗程。每次运动前做适宜的热身运动，使心率维持在每分钟 100 次左右[1]。

（2）辅助型

这种类型的健身走主要针对自身疾病影响到走步能力的人群。辅助型健身走的常见锻炼方法有靠墙走、挂杖走、搀扶走、平行杠内走、跨步、跨门栏、上楼梯（上台阶）、牵拉走、自行车辅助走等。所有的运动康复治疗都要有充分的耐心，不可延误时机，也不可急于求成，应该长期坚持。

（3）借助器械型

这种类型的健身走主要针对需要走步矫正或不能支持本身体重的患者，可借助器械来完成所需锻炼。

二、健身跑

（一）健身跑基本动作技术

从项目特点来看，健身跑是一项以适合自身体力的速度进行的运动，但又

---

① 边纪. 对于心跳的 5 个常见误解［J］. 新农村，2021（10）：43.

和"走步"有着较大差别。以运动负荷为例,健身跑对心脏的负担远大于健身走,对脚腕、膝盖、腰部的冲击力也比健身走大了许多。所以,健身跑时采用正确的跑步姿势就十分必要了,这样做不仅减少了伤害事故,同时也能达到良好的锻炼效果。

总体上来说,在健身跑的时候,身体要自然放松,脚落地要柔和,注意以全脚掌着地并迅速过渡到前脚掌,与此同时,两臂配合两腿自然摆动。在跑的过程中,呼吸要均匀充分,呼吸频率与步伐要保持协调,通常情况下,以2~4步1吸,2~4步1呼为宜。此外,在进行健身跑的时候,要注意步幅不要过大,步频不要过快,基本上保持在每分钟150步左右就可以了。跑的速度不能太快,以不喘粗气,边跑边与同伴说话为宜,每次跑的时间为25~30分钟[①]。为了深入了解健身跑的技术动作,下面将对其进行深入分析。

1. 头部动作

科学家们发现,人的头部大约重4.5千克,在健身跑的过程中,头部施加在关节上的压力和由于引力而产生的向下的重力基本上等于脚所要承受的重量。因此,在跑动的过程中,人会习惯性地往下看,这就使得关节承受了整个头部的重量,而且会使脊骨的排列十分不整齐。所以,正确的头部动作既不要低头,也不要往后仰,而应尽量使头部在这两个极端之间保持适当的平衡。

2. 上体姿势

健身跑的时候,人的上体呈稍前倾或正直姿势,胸部正对前方并稍向前挺。整个躯干自然而不僵硬。上体不能过分前倾,否则会影响步频和增加背部肌肉的负担,也不能后仰,否则会引起胸、腹部肌肉过分紧张。若上体左右摇晃,不仅会引起不必要的体力消耗,而且破坏了跑的直线性,影响跑的速度。因此,在跑步的过程中要善于掌握正确的身体姿势,做到特别注意肩部肌肉的及时放松,做到跑得轻松、协调、效率高。

3. 肩膀动作

一般情况下,在健身跑中很容易出现肩膀紧绷的现象。出现这一现象的非常重要的原因之一就是跑步时拳头紧握造成的,这是非常容易矫正的。然而,疲劳或是肌肉的不平衡也是出现肩膀紧绷现象的原因之一,这会使肩膀牵缩肌

---

① 刘传进. 中学生跳跃身体素质训练方法 [J]. 田径, 2001 (01): 32.

变得脆弱，让肩膀牵引肌变短而且过分紧张。因此，需要重新调整肩膀牵缩肌和牵引肌之间的平衡。

4. 背部动作

在跑动的时候，人的躯干应该与地面保持垂直，挺直背部。尽力不要向后仰或是向前倾，否则会使身体不在一条直线上，而且会抑制呼吸。

5. 双手动作

研究表明，在健身跑过程中，双手拳头握紧并不能使人更加放松地进行跑步运动，所以就需要进行"放松的控制"。所谓的"放松的控制"，就是假想我们在每个拇指和食指之间拿着块饼干——捏得足够紧不会掉下来，但是也不是太紧，不至于捏碎它。这样一来，人们才可以以轻松的心态参与到健身跑运动中。

6. 脸部动作

在健身跑中，要尽力地放松脸部肌肉。眼睛应紧盯住前方 10～20 米的位置，而不是看着双脚。眼睛可以独立于骨骼转动，所以能够看到自己周围而不用来回摆动头部。

7. 胳膊动作

肘部自然向前弯曲接近 90°，但是不要太用力。只有当向后摆动胳膊时才需要用力，然后随着跑动自然地前后摆动。摆动手臂的速度越快，大腿迈动的速度就越快，所以当快速跑步时，请更多地利用来自胳膊的力量。

8. 脚踝动作

放松脚踝的前部。这听起来让人觉得匪夷所思，但是有意识地释放踝关节前部的肌肉可使人在迈动步伐时感觉到更加放松和平稳。

9. 膝盖动作

在迈动每一步时尽力把膝盖抬到合理的高度，使双脚不要有任何擦地动作就可以。

10. 腿部动作

在健身跑的过程中，腿部需要尽量地舒展。髋、膝、踝三关节要充分伸直，以大腿的发力向前抬来带动小腿的迈进。小腿前伸时，支撑腿的各个关节要迅速伸直。大腿前摆的过程中，小腿要保持放松和自然下垂。大腿在向前抬出时，不要拖得时间太长，应该快速地下压，小腿应该做前摆动作。

11. 脚部动作

健身跑开始后，前脚掌先着地，紧接着过渡到全脚着地，可以缓解脚落地时产生的冲击力，这样着地可增加弹性，并为后蹬创造条件。一般情况下，保持脚跟与地面较短的距离会在很大程度上降低动作的强度和减少不必要的肌肉紧张，致使人在脚着地的瞬间更轻松地应对重力作用，从而有助于拖长小腿后的肌肉群。而假如脚掌在着地时没有任何对抗就放下脚跟，就会使人失去跑步的弹性。在跑步中也可以看到有人用前脚掌外侧着地过渡到全脚掌和用全脚掌着地。

12. 臂部动作

健身跑时，手臂的摆动要配合上体及腿部动作，协调一致。正确地摆臂，可以帮助身体维持平衡，调节步频，达到提高腿部动作的效果。如果摆臂动作不正确或不协调，就会造成不必要的能量消耗，还会导致过早疲劳和破坏动作的节奏感。摆臂时，肩部要放松，两臂各弯曲约成 90°，两手半握拳，前后自然摆动，前摆时稍向内，后摆时稍向外。摆动的幅度不要大，用力程度也较小，另外，肘关节的角度也不是固定不变的，臂处于垂直部位时的角度比向前和向后摆动时的角度要大一些，这样有助于两臂肌肉的放松。

13. 呼吸

人们从事健身跑的技术是否合理，在很大程度上取决于是否采用了正确的呼吸方式。从跑动的生理学基础来说，健身跑时也会产生一定的氧债，为了保证氧气供给，就需要有一定的呼吸频率和深度，在适宜的呼吸深度条件下，还要依靠呼吸频率来保持必要的肺通量，而这就需要口鼻同时呼吸才能完成。通常情况下，健身跑除了采用两步一呼、两步一吸的呼吸方式，还会采用三步一呼、三步一吸的呼吸方式。具体采用哪种，要因人而异。

总而言之，不管采用何种呼吸方法，都要呼吸自然。如果出现呼吸节奏被破坏时，应做深呼吸或适当调整跑速。继续跑一段距离后，呼吸就会逐渐均匀正常，跑起来又能比较轻松了，这一过程是人体机能的正常反应。但若出现呼吸急促并且困难，就应停止跑步，特别是中老年人要更加注意。

（二）健身跑的跑法

1. 变换节奏小步跑

这是变速跑的一种，所谓变速跑，就是指健身者快跑一阵后，再慢跑一阵，

也就是一种快跑和慢跑交替进行的跑法。这种跑法较为适合体质较好的长跑爱好者。开始慢跑的时候，人体的肌肉活动不很激烈，吸入的氧气就可以满足肌肉活动的需要，是有氧代谢；而转换成快跑的时候，肌肉活动激烈，氧需求量增多，不能满足运动对氧的需求，属于无氧代谢。这不仅有利于发展一般耐力，而且也能提高机体的速度耐力素质，对提高人体机能大有益处。变速跑可以根据自己的情况随时改变速度，逐渐提高变速跑的速度，逐渐增加运动量，以最大限度地发挥健身跑的作用。具体而言，练习者在跑动的时候要直立提踵，提高身体重心位置，两腿交换小步向前跑进，采用慢—快—慢—快的节奏交替进行。多次重复上述动作。在锻炼过程中应注意，跑动的步长保持在 30 厘米的小步长；两臂协调配合，上体放松，不能有多余的紧张，特别是面、颈、肩部要放松，脚要扒地式着地，保持高重心跑进，节奏明显。

2. 原地高抬腿跑

原地高抬腿跑是原地跑的一种。一般情况下，原地跑主要在室内进行。这种健身跑适用于普通健康人，以及有较好锻炼基础的慢性病患者。原地跑的时间可长可短，根据需要而定。跑的速度可逐渐加快，动作也可逐渐加大，以便逐渐增加运动强度和运动量，也可以根据跑步的速度挑选合适的音乐，在音乐伴奏下原地跑步，提高练习兴趣，发挥跑步的健身功效。跑动时，练习者直立提踵，提高身体重心位置。左大腿屈膝高抬与地面平行，右腿蹬伸髋、膝、踝，两臂协同摆动。左腿下压左脚扒地式落地之际，右大腿屈膝高抬与地面平行。两腿交替多次重复。在锻炼过程中应注意，头和上体保持正直，眼平视；高抬大腿时臀部不要后坐，大腿高度要与髋部保持在同一水平面；支撑腿膝角控制在 170° 之内，不要充分伸直，但要保持高重心。

3. 水中高抬腿跑

水中高抬腿跑是水中跑的一种，具有水中健身跑的特点。由于在世界各地有无以计数的跑步运动爱好者，他们在陆地上，每跑 1 千米，平均每人每只脚就得撞击地面六七百次，其脚部、膝部和臀部都会受到不同程度地震荡，容易使肌肉扭伤或拉伤韧带。所以，一种结合了游泳和跑步的新型健身运动——水中跑步就逐渐在一些国家相继流行起来。在锻炼的过程中，健身者身体垂直浮于水中，头部露出水面，四肢如在陆地跑步般前后交替运动。在深水中，水的散热要比空气快许多，此项运动不失为一个"夏季避暑锻炼法"。另外，水的

阻力是空气阻力的 12 倍，在水中跑 45 分钟就相当于在陆地上跑两个小时，运动强度亦足够。水中跑步现已成为胖子们的"专宠"，无论体型多么庞大的人，在充满浮力的水中也会觉得体态轻盈。采用水中高抬腿跑健身时，健身者在齐腰的水中直立提踵。进行 20～30 米的高抬腿跑时，向前迈步时要注意摆动大腿，使膝盖高抬向前。当接近水面时，支撑腿应该充分蹬伸，并保持身体在水中的平衡，然后交替使用两腿多次重复这个动作。在锻炼过程中，需要注意将大腿高抬和下蹲动作充分利用水的阻力，同时控制支撑腿在水中的阻力，以保持身体平衡。

4. 上台阶高抬腿跑

上台阶高抬腿跑属于楼梯跑的一种，是借助于高层寓所进行楼梯跑运动，现在楼梯跑已成为市民一种时尚的健美项目。据医学论证，它既是增强心肺功能的全身性需氧运动，又是一项可以灵活掌握运动量、无须投资且男女老幼皆宜的锻炼方法。采用上台阶高抬腿跑进行健身跑锻炼时，健身者要面对看台阶或楼梯，向上做高抬腿跑。摆动腿高抬大腿折叠小腿，使小腿落在台阶上，同时支撑腿用力向上蹬伸，使身体重心移到上一层台阶上双臂协同摆动配合两腿动作。两腿交替多次重复上述动作。在锻炼时要注意，摆动腿高抬时膝要放松，小腿后折，加快高抬腿与下压扒地速度，上体保持正直、稳定。

5. 慢速放松跑

在健身跑运动中，最常见的形式是慢速放松跑。健身者可以根据自身状况选择匀速跑，并逐渐增加步频。起初可以以每分钟 90～100 步的速度慢跑，然后逐渐增加加到每分钟 110～120 步、120～130 步。慢速放松跑的运动时间建议每天 20～30 分钟，距离在 2.5～3 千米之间。如果需要适应，可以从 1 千米开始，然后每月或每两周增加 1 千米，一般增至 3～5 千米即可。老年人或身体素质较差的健身者可以跑得比走稍快一些，而体质较好的人则可以选择稍快的跑速。慢跑时，最好控制运动强度使脉搏每分钟不超过 110～120 次。

6. 定时跑

定时跑有两种常见方法：一种是在规定的时间内进行跑步，不限速度和距离。例如，初始阶段每周跑 3 次，每次 20 分钟，然后逐渐增加到每周 4、5、6 次以上，每次时间延长至 30、45、60 分钟。另一种是在规定的时间内完成一定的距离。这种方法中，跑得距离越长越好，反之越差。例如，在开始阶段

内，尝试在 5 分钟内跑完 500 米，随着运动水平的提高，可以缩短时间、增加速度或增加距离来提高速度和耐力素质，从而改善体力和测试体能水平。这种训练方法对于提高体力和检验体力都有益处。

7. 跑跳交替

这种跑法指的是健身者在跑一段时间之后跳上三五下，然后再跑一段，然后再跳三五下，这样跑跳交替进行的方式。这种健身跑的速度可按照自己的身体情况采用慢跑或中速跑，或稍慢速度，动作要放松协调，轻松自如，具有良好的节奏。跳是身体向前跑的过程中尽量向上跳起几下，使身体肌肉、关节在长时间的连续活动中得到刹那间的休息，可缓解跑步的疲劳，同时锻炼弹力。

8. 坡度健身跑

常见的坡度健身跑有上坡跑和下坡跑两种。上坡跑时，健身者不要将上坡视为阻碍，而要将其视为提高健身跑水平的好机会。上坡时，身体前倾，减小步幅，加强摆臂。下坡时，身体稍后仰，在掌握好平衡的基础上加大步幅，注意全身放松和身体平衡，跑的动作要流畅。

9. 倒着跑

作为反序运动中的一个健身项目，倒着跑是背部指向正常跑步方向的运动。跑动时，健身者上体正直稍向后，抬头挺胸，两眼平视。双手半握拳置于腰间，一条腿抬起向后迈出，脚尖着地，身体重心随之后移，再以同样的方式换另一腿。小跑步向后退去，交替进行，两臂自然前后摆动，身体不要左右摇摆。这种跑步方法有利于减轻和改善腰肌劳损、腰椎病，腰、腿、脚骨质增生等。

10. 迂回跑

在迂回跑的过程中，健身者跑动的前方，会有许多障碍物，障碍物与障碍物之间有一定距离，跑步时交替性地从障碍物的左右侧跑过。健身者跑过之后，还可以设法再跑回来。从这种迂回跑的这一特点来说，这种跑步方法十分适合于青少年。迂回跑也可以作为一种游戏，来增加跑步的趣味性和锻炼健身者身体的灵活性。

11. 旋转跑

旋转跑也是倒序运动中的一种，它在倒序运动中的地位比较特殊，既不同于正常跑，又和倒着跑不一样，旋转跑是向前跑、侧身跑和倒跑几种方式的综

合运动。人体在跑动时，身体的旋转，会使人体产生一定的离心作用，破坏了习惯性重力的感觉，使身体各部位器官、血液循环系统，随着人体的旋转发生横向扩张，从而促进全身血液循环和脑部的供氧功能，使各器官得到锻炼，有利于提高人体的平衡能力。旋转跑的锻炼方法是，健身者先在原地练习顺时针和逆时针旋转，不求快速只求匀速。在开始跑时，圈子要大一点，速度要慢一点，逐渐由慢到快，由大到小。向左向右转两个方向都要进行练习。一般情况下，人习惯了顺、逆时针各转三圈后，即可在跑步过程中不时旋转，并逐步增加旋转的频率、速度及圈数。

三、健身跳

（一）健身跳基本技术动作

从基本技术动作方面来说，健身跳可以分为以下几个技术环节。

1. 助跑

跑是跳的基础，跳是跑的发展与结果。因此，如果在健身跳中，跑不好，那也就跳不好了。在日常生活中，我们经常可以见到这种现象，当一个人想要跳越一定宽度的壕沟的时候，人总要加上几步助跑。

2. 起跳

作为改变人体运动方向的主要技术环节，起跳的主要任务是在尽量减少水平速度损失的情况下，获得必要的垂直速度，来改变健身者身体重心向前运动的方向，从而创造适宜的腾起角。一般情况下，健身者身体重心的腾起初速度越大，越有可能跳出好成绩。

3. 腾空

腾空是起跳接下来的环节，起跳腾空后，摆动腿屈膝前摆，摆至大腿接近水平位置，起跳腿自然放在身体后面，这一起跳结束时身体姿势在空中的延续，就是所谓的腾空步。

4. 落地

落地的任务是选择合理的落地技术，充分利用身体重心腾起的远度，创造尽可能远的跳跃距离，防止伤害事故的发生。

常见的落地方式有两种：折叠式和滑坐式。折叠式落地法，是指运动员在

腾空阶段经过最高点后，开始将两腿向上、向前伸出，上体向下折叠，两臂从上面向前并在落地前向后快摆。滑坐式落地法，是指运动员在腾空最高点就开始做折叠动作。由于折叠动作发动较早，所以不会影响和改变腾空路线，到最后把腿及骨盆前移，上体稍后仰，落地时好像坐着，这也是滑坐式名称的由来。

（二）健身跳的练习方法

1. 远跳

（1）原地跳跃

原地跳跃是培养远跳能力的一种常见的锻炼方法，它是以下肢弹跳为主的一项运动。原地跳跃主要发展臀大肌、股四头肌、股二头肌、小腿三头肌等肌群，同时腹部肌群、腰部肌群在配合收缩下也得到锻炼。因此，原地跳跃对锻炼双腿、减少全身多余脂肪及增强心肺功能起到积极作用，并能有效增强下肢的柔韧性。

（2）行进间远跳

① 单足跳接跨步跳

单足向前跳一次，脚着地后，迅速蹬伸用力做跨步跳动作，当前摆的腿落地后再接着做单足向前跳，依次反复，左右腿轮换练习。

② 连续兔跳

全蹲或深半蹲，两手体后互握，身体正直，两腿用力蹬地向前跳进。连续进行练习。

③ 连续蛙跳

半蹲或深半蹲开始，两臂前摆，两腿蹬地向前跳出，接着双腿前收落地并继续保持半蹲或深半蹲姿势继续向前跳。

（3）障碍远跳

① 单腿跳上跳箱向远跳

跳箱高 20～30 厘米。单腿跳上跳箱然后继续用力蹬伸向前跳落沙坑。

② 原地弓步并腿跳跃过障碍

距障碍 80 厘米处站立，障碍高 30 厘米左右。原地弓步站立，两臂向前上方摆起，支撑腿用力蹬伸向前上方跳起，两腿并拢收腹越过障碍后落地。

③ 行进间连续跳过实心球

实心球间隔 2～2.5 米，设置 15 个左右，双腿连续向前快速跳过实心球。

2. 高度跳

高度跳是向垂直方向跳跃的运动，在健身锻炼中，进行高度跳练习时尤其要注意运动安全，其要点是：掌握平衡，注意落点，控制跳起高度，达到活动的目的即可。在具体的练习中，可采用以下方法进行练习。

（1）原地高跳

① 原地直膝跳

直膝跳的作用主要是增加踝关节和小腿三头肌的力量。其动作要领是：身体直立，两手置于体后，一手握住另一只手腕，两膝微屈。直膝跳主要靠踝关节蹬伸的力量跳起，身体垂直向上，落地时以脚前掌着地，连续富有弹性地跳起。每组可做 20 次以上，可重复多组。

② 原地蹲跳起

原地全蹲或半蹲，两臂后摆，两腿迅速用力向上蹬伸，两臂向上摆动，使人体尽可能获得最大腾空高度。

③ 团身收腹跳

原地半蹲跳起，两腿并拢，屈膝团身大腿尽量触及胸部，两臂协调配合摆动。

④ 原地跳起前后分腿

原地双腿蹬地向上跳起，在空中两腿前后分腿，然后在空中完成并腿并以前脚掌着地，重复进行练习。

⑤ 原地跳起直腿收腹跳

两腿半蹲两手后摆，接着两腿蹬伸跳起，两臂同时向上摆起，空中两腿并拢直腿收腹，两手尽量触及脚尖。落地时注意缓冲。

⑥ 原地单足换腿跳

左（或右）蹬伸跳起，左（或右）腿向上摆动，跳起时摆动腿下放与蹬地腿配合人体向上伸展，接着起跳腿落地，摆动腿上步换腿后继续蹬伸跳起。

（2）行进间高跳

① 弧线助跑起跳

弧线助跑 3～4 步起跳，起跳时摆蹬配合，摆动腿屈膝带胯前摆，起跳腿

充分蹬伸向上跳起。

② 单腿提膝高跳

跳跃时，健身者一腿蹬伸向上跳起，一腿迅速向上摆动，腾空到最高点时摆动腿继续保持高抬动作，起跳腿落地后，摆动腿前迈，起跳腿继续上步起跳重复练习。

③ 向上单足换腿跳

跳跃时，健身者一条腿蹬伸向上跳起，一条腿迅速向上摆动，腾空到最高点时摆动腿下放与起跳腿并拢，起跳腿落地后摆动腿迅速上步接着起跳。

④ 单跳双落起跳

起跳时，健身者一腿前迈，另一腿蹬伸用力跳起，两腿迅速完成并拢落地动作，接着双腿继续用力蹬伸向上跳起。

⑤ 单跳双落起跳后团身收腹

起跳时，健身者一腿前迈，另一腿蹬伸用力跳起，迅速完成并拢落地动作，接着双腿继续用力蹬伸向上团身收腹跳起。

3. 障碍跳

障碍跳是指越过障碍物的跳跃练习方法，障碍跳练习对于人体的协调性、灵活性有着重要的发展作用。在练习中，可采用跳栏架（或跳箱）的练习方法。跳栏架练习对于发展踝关节、大小腿肌群和髂腰肌的力量具有很好的效果。

（1）单手单脚支撑越过障碍法

这种锻炼方法也称为障碍跳。在进行锻炼时，设置一个高度为 80～100 厘米，长度为 1.5 米以上的障碍物。进行助跑 5～10 米，跑到障碍物前，用右手撑住障碍物，用右脚踏跳，将左脚踏上障碍物，右臂伸直支撑身体在障碍物上。然后，右腿屈膝从左腿和障碍物之间越过，同时推动右手，将左脚离开障碍物，向前跳下，然后继续跑进。

（2）"踏上法"越过障碍

在锻炼时，障碍物的高度大约是 30～50 厘米，进行助跑 5～10 米。当跑到距离障碍物前约 1 米时，使用单腿用力蹬地起跨，同时摆动另一条腿屈膝高抬，用前脚掌踏上障碍物。此时，上体稍微前倾。当身体重心移过支撑点上方后，支撑腿迅速蹬伸离开障碍物，另一条腿向前迈出，用前脚掌着地，然后继续向前跑进。

（3）双手支撑越过障碍法

在这种锻炼方法中，障碍物高 80～100 厘米，长 1.5 米以上。助跑 5～10 米，跑到障碍物前，用双手扶障碍物的一侧，两手臂伸直将身体支撑在障碍物上，依靠脚的有力蹬地，两脚迅速屈膝抬起从另一侧越过障碍物，同时双手用力推离障碍物，两脚越过障碍物后用前脚掌着地继续向前跑进。

（4）"跨步法"越过障碍

在这种方法中，障碍物的高度大约是 30～50 厘米，助跑距离为 5～10 米。当跑到距离障碍物前约 1 米左右处时，使用单腿用力蹬地起跨，同时摆动另一条腿屈膝前摆高抬，并向前迈步。上体稍微前倾，起跨腿的同侧臂前摆，异侧臂后摆。起跨腿弯曲向前提拉。摆动腿的前脚掌着地后，起跨腿迅速向前迈出，然后继续跑进。

第二节　球类运动

随着现代社会的不断发展，大众健身球类运动项目层出不穷。当前，在我国开展的较为普遍的球类运动主要有篮球、足球、网球、乒乓球等。实践证明，经常参加球类运动，不仅可以提高弹跳、协调、灵敏、耐力、速度、力量等身体素质，还能提高神经系统的灵活性和肌肉活动的协调性，增强血液循环、呼吸和消化系统的机能，促进人体新陈代谢，使身体得到全面的发展。此外，积极开展和参与球类活动，还能起到丰富社会文化生活的良好效应。

一、篮球运动健身

（一）篮球运动概述

篮球运动不仅是一项综合性很强的运动性游戏，而且是一项现代竞技体育的运动项目。现代篮球运动是在统一的国际篮球组织指导下，以严格、规范的竞赛规则和特定的竞赛方式，通过追求更高、更快、更强的奥林匹克精神展开的强者间的对抗、竞争与拼搏，其竞赛活动过程充分显示出人类生命所具有的活力，突出了为民族争荣、自强不息的奋斗品格。篮球运动起源于人类的生存

劳动，是社会进步的体现。

当前，篮球已经成为一项魅力无穷的运动。在世界上已经拥有 1.8 亿名篮球运动员，数以亿计的爱好者和观众。我国篮球运动的发展是令人瞩目的，特别在学校这个育人的场所，篮球运动的开展尤为普及，深受青年学生的青睐。篮球运动是集体项目且具有强烈的竞争性和对抗性，因此能培养人的团结协作、互相配合的集体主义精神和勇敢顽强、机智果断等优良品质。

（二）篮球运动技术

篮球技术是篮球在比赛中运动员为了进攻与防守所采用的各种专门动作方法的总称。篮球进攻技术包括传球、接球等；防守技术包括防守对手、抢、打、断球等。无论进攻技术还是防守技术都含有移动和抢篮板的基本技术。

1. 传接球技术

（1）传球技术

传球技术是篮球运动中的主要技术之一，是指在篮球比赛中进攻队员之间有目的地支配球、转移球的方法。传球动作方法分双手胸前传球和单手肩上传球两种，双手胸前传球主要是以双手胸前传球为基本动作方式，而单手肩上传球则是以单手肩上传球为基本动作方法。

（2）接球技术

接球是篮球比赛中进攻时最基本、最重要的技能，接球手法主要包括双手接球和单手接球两种形式。

2. 运球技术

运球技术是持球队员在原地或移动中用单手持续拍球推进的一种动作技术。下面介绍几种常见的运球技术。

（1）高运球

高运球是一种在没有防守干扰的情况下，为了加快向前推进速度而采用的运球方法。运球时，运球队员需要保持较高的身体重心，运用较大的力量进行拍球，并使球的反弹高度在胸腹之间，以便观察场上的情况。具体来说，双腿微屈，目光平视，上体稍微前倾。以肘关节为轴，用手向前方按拍球的正后方向推进（若为原地高运球，则应按拍球的正上方）。球的落点在身体的侧前方，

高度在胸腹之间。一般情况下，拍一次球可以跑两步。

（2）低运球

低运球是指在运球时，球的反弹高度在膝关节以下的一种技术。通常在面对对手的紧逼或接近防守时，采用这种运球方式来保护球或摆脱防守。具体来说，运球时，双腿弯曲，降低身体重心，上体前倾。使用异侧臂、身体和腿来保护球，同时用手腕和手指的力量短促地按拍球，以更好地控制球、摆脱防守，并继续向前推进。

（3）运球急停急起

这种运球方法是进攻队员在运球推进时利用速度变化来摆脱防守的一种有效技术。具体来说，在快速运球遇到防守的堵截时，可以利用跨步急停动作。首先，右手按拍球的前上方，然后短促有力地按拍球的上方，以变为原地低运球。而在需要快速出发时，身体重心迅速前移，后脚用力蹬地跨出，同时右手按拍球的后上方，并继续运球前进。通过这样的技术动作，可以对防守进行变向、快速变速，从而帮助队员摆脱对手的防守。

3. 投篮技术

（1）单手投篮

以原地单手肩上投篮为例，投篮手五指自然分开，手心空出，手腕后仰，大、小拇指间的夹角约为80°，以扩大对球的支撑面，用指根及其以上部位托球的后下方，球体的重力作用线近乎落在食指和中指的指根部位，肘关节自然下垂，另一手扶球的侧上部，置球于同侧头或肩的上方。

（2）双手投篮

以原地双手胸前投篮为例，两手手指自然分开，拇指相对成八字形，用指根以上部位握球的两侧后下方，手心空出，两臂自然屈肘，肘关节下垂，置球于胸与下巴之间。

4. 持球突破技术

持球突破是持球队员运用合理的脚步动作与运球技术相结合，快速超越防守队员的一种攻击性很强的进攻技术。在篮球比赛中，及时地把握突破时机，合理地运用突破技术，是直接切入篮下得分的重要方式。持球突破技术动作主要由熟练地支配球、假动作吸引、脚步动作、转体探肩、推放球加速五个环节组成。在突破时屈膝降低重心并前倾上体，使重心前移，同时脚步动作配合以

朝向突破方向的反方向积极有力地蹬地，以便能达到迅速启动，摆脱对手防守的效果。突破时跨出的第一步要大些，抢占有利的超越位置，但以不影响前进速度为宜。跨出的脚要落在紧靠对手的侧面，脚尖向着突破方向，以便第二步蹬地加速突破防守。

5. 抢篮板技术

（1）抢占位置

抢占位置时，应根据对手和投篮队员所处的位置，正确判断篮板球的反弹方向、距离，脚步快速地移动，配合身体动作抢占有利位置。抢占有利位置一定要考虑球的反弹规律，投篮出手弧度与反弹距离，投篮角度等，在准确判断的基础上，力争抢占对手与球篮间的有利位置，力争把对手挡在身后。

（2）获得球后的动作

当进攻队抢到篮板球后，应将球紧紧握牢，两脚分开，前脚掌先着地，保持身体平衡，两肘外展保护好球。若遇防守时，则将球置于防守人远侧，并利用肩背或转身跨步，不断移动球的位置，防止对方将球打掉。补篮或继续投篮，如果没有投篮机会，应迅速将球传给同伴，重新组织进攻。防守队员抢到篮板球时，最好能在空中将球传给同伴，创造快攻机会。

二、足球运动健身

（一）足球运动概述

足球运动是一项以脚支配球为主，两队相互对抗，以踢进球门多少球判定胜负的球类运动。经常参加足球运动能有效地提高身体素质，增强体质和人体各器官系统的功能。长期从事足球训练可以培养和锻炼人们勇敢顽强、机智果断、坚忍不拔、勇于克服困难的优良品质和集体主义与团结协作精神。另外，足球场上双方的激烈争夺和比赛场面的变幻莫测能提高参赛者的注意力、观察力、想象力和思维能力，改善心理素质。

（二）足球运动技术

1. 踢球

踢球是指用脚的不同部位将球击向预定的目标。

（1）脚背内侧踢球

这是一种用第一跖骨及距趾关节部位触击球的踢球方法。

（2）脚背外侧踢球

这种踢球方法预摆动作小、出脚快，能利用膝、踝关节的灵活变化改变出球方向和性质，具有一定的隐蔽性，是一种具有较强实用性的技术，同时也是一种较难掌握的踢球技术。

2. 停球

停球是指有目的的用身体的合理部位，将运行中的球停留在所控制的范围之内。常见的停球方法有脚内侧停球、脚底停球、脚背正面停球、脚背外侧停球和胸部停球。下面简单介绍几种停球方法。

（1）脚内侧停球

这种停球由于脚触球的面积大而且弹性大，容易接稳，并便于转变方向和接着做下一动作。比赛中多用于接地滚球、反弹球和空中球。

接地滚球时，支撑脚正对来球方向，膝关节微屈，上体稍前倾，身体重心放在支撑脚上。停球脚提起（约一球高），大腿外旋，膝关节稍屈，脚掌与地面平行，脚内侧对准来球。当脚接触来球时，快放大腿，用脚内侧作为切面与来球前缘相切，切后随即微微上提，将来球挡在身体前并缓缓向前滚动。

接空中球时，根据来球的高度把停球脚抬起，脚尖稍翘起，脚内侧对准来球。当触球的一刹那，迅速后撤或下压，以缓冲来球的力量。

接反弹球时，先要判断好来球的落点，支撑脚快速踏在球落点的侧前方。停球脚提起，膝关节外转，脚内侧对准球的反弹方向。在脚内侧触球瞬间，要稍下压，以缓冲球的反弹力量，把球接在脚前。

（2）胸部停球

挺胸停球时，身体正对来球，两脚前后或左右开立，两膝稍屈，上体略后仰。当胸部与球接触时，脚跟提起，憋气，同时向上挺胸，使球在胸部轻轻弹起。然后根据比赛的需要，接着做下一个动作。收胸停球时，身体正对来球，两脚左右或前后开立，两臂自然张开，挺胸主动迎球，当胸部与球接触时，迅速缩胸收腹，用胸扣压球以缓冲来球力量，使球落地。

3. 射门

射门是指进攻到对方门前时，运用不同的脚法（或头顶法）将球攻向对方

的球门。射门是比赛得分的主要手段。一般而言，射门通常是在与对手激烈的竞争中进行，需要摆脱对方的阻截、冲撞甚至一些粗野动作，这就要求进攻者技术全面、动作快速、真假结合、起脚突然、准确有力，只有这样才能抓住战机、破门得分。

根据射门方式的不同，射门技术可分成直接射、运射、接越射、过人射和踢定位球等，直接射、运射、接越射、过人射往往采用踢球力量较大的脚背正面、脚背内侧或脚背外侧脚法，踢定位球可采用弧线球踢法。掌握好射门技术的关键是起脚时机适当、脚法正确、准确有力。

4. 守门员技术

守门员是全队的最后一道防线，他的主要任务是不让对方将球射入本方球门。守门员要善于观察全局，起到协助指挥全队防守和进攻的作用，并且随时注意比赛发展情况，力争扩大自己在罚球区内的防守范围，以便尽早截获各种来球，并快速及时地把球传到有利于进攻的位置上，组织发动进攻。

三、网球运动健身

（一）网球运动概述

网球运动是一项与高尔夫球、保龄球、台球合称为世界四大绅士球类运动，其特有的魅力早已深入人心。由于网球运动是一项老少皆宜的体育项目，上至白发老者，下到少年儿童，均能在球场上体会到无穷的乐趣。同时，网球运动对参加者的体能要求并不太高，且运动量可以得到有效地控制，是一项有效的有氧运动项目。网球运动的魅力还在于能把激烈竞争与平心交流完美地结合在一起，对于参加运动双方的身体和心理来说都能达到一种和谐、完美的锻炼和净化，所以网球已成为大众健身球类运动项目中的普及性较高的运动。

（二）网球运动技术

1. 发球技术

发球是网球基本技术之一，也是网球比赛中唯一由自己掌握，不受对方影响的重要技术。发球的好坏直接关系到一分的得失，因此必须要掌握良好的发球技术。主要的发球技术一般分为平击发球、切削发球和旋转发球三种。

（1）平击发球

这种发球方式几乎没有旋转，球以笔直的路径下落。这种发球方式注重力量，球通常需要贴着网才能进入对方场内。在大多数场地上，球会反弹得相对低一些。因此，平击发球通常用于第一发球，如果发球成功，有时可以直接得分。然而，平击发球的失误率相对较高。

（2）切削发球

这种发球技术大多为运动员所经常使用，它可以用于第一发球和第二发球，是每个初学者必须要经常练习和掌握的技术。切削发球带有侧旋，因为它以曲线进入发球区，发球成功率较低，并且使对方右手握拍接球者拉出场外，造成对方回球困难，但速度往往较慢。

（3）旋转发球

这种发球技术综合了侧旋和上旋的特点，球高高地过网后，急速地落进发球区，在大多数场地上球落地后反弹很高，但旋转发球难度较大。

2. 接发球技术

由于对方发球时，来球刹那间千变万化，而且多数球都会击向自己较弱的部位，所以接发球是一项较难掌握的技术。接发球不是某种特定的击球动作，是根据发球的路线、速度、落点和接发球的战术，而采用的正手、反手、挑高球、放短球等击球方法。接发球的方法很多，一般常用的有回击深区的接发球、打对方脚下的轻击接发球、接发球挑高球、接发球放短球、接发球随球上网等。

3. 击球技术

（1）正手击球

正手击球是指在本人握拍手同侧打落地球的技术。正手击球的技术特点表现为动作深长，击球有力，速度快，它是网球技术中最基本、最主要的方法。

正手击球动作由准备姿势、后摆引拍、挥拍击球和随挥跟进四个环节组成的，练习时要根据这四个环节进行。

正手击球方法根据球的旋转性能，分为上旋球、下旋球、平击球、侧旋球等不同旋转的打法。影响球旋转方向的因素很多，主要与来球的方向、力量、旋转速度，击球时的挥拍路线，触球时的拍面角度等因素密切相关。击球方式的不同，也会导致球落地后反弹效果的差异。因此，只有掌握多种正拍击球的方法，才能掌握比赛主动权。

（2）反手击球

反手击球的动作技术与正手击球技术有些相似。完美的反手击球的关键是掌握充分展开身体并用力击球的能力。同时，还要掌握在跑动中转身的能力。同正手击球一样，反手击球也由准备姿势、后摆引拍、挥拍击球、随挥跟进四部分构成。反手击球有上旋击球和下旋击球，又由于反手握拍方式的不同，其反手击球技术有两种打法。一种是单手反手打法，简称为"单反"；另一种是双手反手打法，简称为"双反"。

4．截击球技术

截击球是在落地之前便将球在网前击回对方场区。它通常速度快、力量大，具有较大的威胁性。在高水平的比赛中，常以主动上网截击控制对手。网前截击分为正手截击和反手截击。

（1）正手截击球

准备时膝盖要弯曲，重心稍前，球拍在身侧。采用大陆式握拍法。击球时，必须转动上体和肩部，带动球拍向后，击球时，握紧球拍，绷紧手腕，在身体前面15～50厘米处迎击球。拍头上翘，拍面稍后仰，向前向下挥拍击球。

（2）反手截击球

反手截击球的准备姿势和正手截击球一样，但是，击球点要比正手截击球靠前一些，因此要及早跨出右脚，重心也要置于右脚。击球时手腕固定，用力紧握球拍，拍面稍前倾，触球中上部。击球后右臂伸展，向前下方压送。

5．高压球技术

高压球是对付对方挑高球的一项进攻技术。下面简单介绍几种常见的高压球技术。

（1）落地高压球

落地高压球是指利用高压球技术来迎击高落地反弹的球的技术动作。当面对高弹球时，可以让球先落地反弹，然后找到合适的位置来扣杀。由于跳得较高，有足够的时间后撤，所以在球落地后很少需要前冲，弹跳也相对平稳。这样做可以增加打高压球的成功率和信心，并能更好地控制球的落点。初学者可以先练习这种高压球技术。

打落地高压球需要一边侧身跑位，一边用小的垫步快速调整，同时高举球拍准备扣杀。击球点的位置和发球一样，在身体的前上方，双脚蹬地，充分伸

展手臂，手腕击球时做"旋内"的扣腕动作，争取最高点击球。在击球的瞬间，手臂、手腕和球拍在一条直线上，身体应稍向前倾。击球之后扣腕动作仍旧继续，手臂顺势向下，在身体的另一侧完成随挥动作。当落地球弹跳不够高时，可做屈膝半蹲高压。

（2）凌空高压球

凌空高压球是指以高压球技术迎击对方高空来球的技术动作，多在中前场应用。凌空高压球比打落地高压球难度大。因为凌空球下落的速度比反弹起来再下落的球快很多，击球时机不容易把握，打早了或迟了都影响击球的效果。所以，除了要求准确的判断和熟练的步法以外，拉拍动作应该更加迅速、及时，挥拍击球也应该更加果断。

（3）跳起高压球

跳起后在空中高压要比前两种高压球难度更大，它的动作类似于羽毛球的跳起扣杀动作，其目的是不让球从头上方漏过去，失去主动进攻得分的机会，并能从高处增加击球的力量和角度。前世界头号男子单打选手桑普拉斯比较青睐这种高压技术。由于跳起高度对身体柔韧性要求很高，所以并不建议初、中级选手采用。

完成跳起高压球需要十分协调的动作。在使用这种技术时，首先要避免先跳起再挥拍，以免失去平衡并造成跌倒受伤。正确的动作要领如下：

① 当来球较高、较深时，迅速进行侧身滑步或交叉步向后退。同时，将持拍手快速后引向上，举起球拍。

② 到达击球位置时，通常以与持拍手同一侧的脚蹬地起跳，并同时挥拍。击球应尽量在最高点完成，利用手腕旋转和内扣的动作将球压入对方场地。

③ 落地时，先落地的是异侧的脚，用于缓冲冲击。同时，在挥拍击球时，双脚在空中会出现前后换位的动作，这是转体发力过程中为了保持平衡而自然发生的动作。

通过正确的动作要领和协调动作，能够更好地完成跳起高压球，并提升控制力和威力。这样的技术对于初学者来说也是一个很好的练习方式。

6. 挑高球

挑高球就是把落地球挑过对手的头顶，落在对方底场的击球技术。挑高球挑得好的话不仅可以变被动为主动，而且可以直接得分。挑高球技术在业余网

球比赛中运用比较多，但在高水平选手比赛中这种场面是很少看到的。挑高球技术分为防守性挑高球和进攻性挑高球。

四、乒乓球运动健身

（一）乒乓球运动概述

乒乓球是一项室内运动，由两名或两对选手在中间和一网的球台两端轮流使用球拍进行击球。它主要有直拍和横拍两种打法。乒乓球的特点是球小、速度快、变化多，而且设备简易。它不受年龄、性别、身体条件的限制，因此非常广泛地开展。

经常参加乒乓球锻炼有很多好处。首先，它能够训练中枢神经系统的高速反应能力。其次，乒乓球运动能够增强心血管、呼吸和消化系统的功能。此外，它还能促进肌肉和骨骼的生长发育，使身体得到全面发展。

乒乓球运动也能够培养人们勇敢顽强、克服困难、敢于斗争、敢于胜利的精神。同时，它还能培养人们的机智、灵活、冷静、沉着和果断等优良品质。

（二）乒乓球技术

1. 发球技术

发球技术是乒乓球比赛时力争主动、先发制人的第一个环节。发球技术好不但可以直接得分，而且还可以从心理上占据优势，为进攻创造机会，在比赛中争得主动。目前，世界乒乓球发球技术的发展方向是以旋转、速度、落点三者有机结合，根据自身打法技术特点形成配合，如以旋转为主、控制好发球落点、以速度旋转为主、辅以落点等。直接为自身主动进攻服务。发球的方法多种多样，按形式来划分，可分为低抛发球、高抛发球和下蹲式发球；按性质来划分，可分为速度类发球、落点类发球、旋转类发球等。下面我们简单介绍几种常见的发球技术。

（1）平击发球

平击发球是乒乓球初学者掌握和学习发球的入门技术，它具有运行速度慢、力量轻、旋转弱的特点。它又分为正手平击发球和反手平击发球两种。

（2）正手发奔球

正手发奔球前左脚稍前，身体略向右偏转，左手掌心托球置于身体前右侧，左手将球向上抛起，同时右臂内旋，使拍面角度稍前倾，前臂手腕自然下垂，肘关节高于前臂，向身体右后方引拍。击球时，当球从高点下降至网高时，击球右侧向右上方摩擦，触球一瞬间拇指压拍，手腕从右后方向左上方挥动。球击出后第一落点接近自己方的端线。击球后，手臂继续向左前方挥动并迅速还原。

（3）反手发转与不转球

相比于正手"转与不转"发球，反手发转与不转球更注重落点变化，其多为直、横拍两面攻打法的选手选用。发球时，手将球向上抛起，同时右臂内旋，直握拍手腕作屈，横握拍手腕略向外展，使球拍稍后仰，向左后方引拍。当球从高点下降至稍高于网或与网同高时，前臂加速向右前方发力，同时直握拍手腕作伸，横握拍手腕内收，以球拍远端（拍头）触球，击球中下部向底部摩擦。反手不转发球与下旋加转发球的区别与正手"转不转"发球类似。

2. 接发球技术

（1）接短球

第一，把球也回到对方近网区域，使其不易发力进攻，动作上要求上步时身体平稳，尤其是击球时必须控制身体的前冲力，在拍触球的瞬间控制住拍形，迅速减力，做回收动作将球接过去。

第二，用搓球回接，注意拍面要略后仰，稍用力向前送球，若来球下旋力强，则向前用力要相对加大，使回球的弧线增高，以免下网。

（2）接急球

当对方发出反手左角急球时，通常采用推挡技术进行回接。回斜线球应尽可能使角度更大，同时需注意手腕的外旋，让球拍触球的是左侧面，以增加对手的抢攻难度，或使球能够快速变直线。有时也可以选择回到中路靠右的位置，或者通过直线反袭空当。若选择反手攻球或削球回接，则需要向后退一步，并在来球力量减弱后再进行回击。

3. 攻球技术

攻球技术是乒乓球技术中最重要的基本技术，是进攻型选手在比赛中争取主动、克敌制胜的重要手段。乒乓球的攻球技术分为正手攻球、反手攻球和侧

身攻球三大部分，包括快点、快带、快拉、突击、快攻扣杀、杀高球、中远台攻球等技术。每种技术的特点不同，所起的作用与运用也不一样。

4. 推挡技术

推挡球是直拍快攻打法的基本技术之一，在直拍左推右攻打法中占有极其重要的地位。推挡技术的特点是站位近、动作小、球速快、变化多。比赛中常用的推挡速度和落点变化压制对方的攻势，运用得当既可以充分发挥近台快攻的优势，也可以直接得分。

5. 削球技术

削球技术具有两面性，即被动性和积极性。削球技术，从战略上讲是属于防守型打法，在攻球速度、力量不断加大的情况下，其被动性就显而易见。这就是原来在世界乒坛占统治地位的削球打法自20世纪50年代后一直不能重铸辉煌的原因。

现在的削球技术，只有在进一步提高适应弧圈球能力的基础上，加大旋转和落点变化，增强其攻势，才能在比赛中获得更多的主动。这实际上是把削球的积极性方面提高到一个新的高度。为了达到这个目的，提高削球技术的质量具有非常重要的意义。

6. 搓球技术

搓球是近台还击下旋球的一种基本技术。比赛中常用它为拉弧圈球创造条件。它与攻球结合可以形成搓攻技术，是初学者必须掌握的基本技术。搓球与削球的主要区别是站位近、动作小。由于具有旋转、速度、落点变化的优点，常用于接发球或搓球过渡，为进攻创造机会。按照搓球的时间不同，乒乓球的搓球技术可分为快搓和慢搓。

第三节　健美运动

现代健身健美是一种时尚化的大众体育锻炼项目，它是基于场馆健美、俱乐部健美等基础上发展而来的，其内容得到了快速扩展，成为一个发展前景十分广阔的产业。随着人们生活水平的提高，对体育保健需求的增长，以及体育运动本身所具有的特殊功能与作用的认识，使其逐步得到了广大人民群众的重

视并逐渐普及开来。随着现代社会的发展，健身活动已逐渐演变为一类目标明确、特征鲜明的运动项目，其基本原则是科学、合理、安全、有效。随着时代的进步，人们对体育功能认识的深化和提高，体育运动已从单纯追求强身健体转变到注重身心全面协调发展的新阶段。"健身"成为一个涵盖内容广泛的运动体系，涵盖了多个方面，并形成了一系列相对独立的训练体系内容，其内涵得到了快速发展。这些运动竞技项目与它们各自所包含的理论和实践内容构成了一个完整的健身体系。

一、瑜伽健身

（一）瑜伽概述

瑜伽是当今世界上最安全、最有效的健身运动之一。它产生于公元前的印度，是人类智慧的结晶。瑜伽是东方最古老的强身术之一，它是梵文"Yoga"的译音，本意是自我和原始动因的结合。各种瑜伽体系的终极目的就是帮助人们实现这种境界。所以，从广义上说瑜伽是哲学，从狭义上说瑜伽是一种肉体和精神的运动项目。

与其他体育运动的不同，瑜伽不但有生理的因素，而且有心理的因素，而肢体拉伸仅仅是外部的。瑜伽姿势不仅能锻炼肌肉，提高身体的感知力和柔韧性，还能生成内在意识，稳定心态。过去传统的体育运动往往只看重外部动作的精确性，而瑜伽在注重精确性的同时，还关注了人内心更深层的感知，以带来身心的全面平衡。此外，瑜伽还有消除现代人生活的紧张压力和身体上的僵硬疲劳等特殊功效。因此，瑜伽很适合现代人练习，是保持身心健康的最安全、最有效的运动方式，也是可以伴随一生的健身运动。

（二）瑜伽的健身方法

1. 瑜伽的呼吸健身法

呼吸始终伴随着我们的生命，它是如此自然、无意识，以至于很多人都未注意过它，除非是因某种原因使之变得急促或困难。在很多瑜伽理论中，瑜伽学者都将呼吸比喻为吸纳生命之气的过程。"生命之气"也可以看作是精气、精力的意思。

它虽无形，却能每时每刻地感知到周遭的一切。因此，我们可以说瑜伽练习过程也就是一个吸收精气和精神集中的过程。瑜伽的呼吸过程包括三个关键步骤：吸气、悬息（屏气）、呼气。这三个步骤都需要一定的技巧，才能更好地配合练习。实际上，呼气是最为关键的一环，呼气的过程能够处理人体内的废气，从而增加人吸氧的机会，瑜伽呼吸健身法中常常延长呼气的时间，悬息（屏气）的步骤则会延长氧气停留在人体内的时间。对于初学者而言，掌握呼吸过程存在一定的困难，因此不建议初学者进行屏气训练。

2. 瑜伽的体位健身法

瑜伽体位法，是一种以身体为基础的身体锻炼方式。它既能使人感到轻松和愉快，也可以使人得到精神上的满足和放松。在印度瑜伽经典著作《瑜伽经》中，先哲帕坦迦利提出了体位法的概念，即通过调整身体的位置，使其处于一种舒适、平稳的状态。这是一种能够增强身体素质、提升身体美丽程度的身体调理方法。

这一健身方法能够促进人们的身体和心理健康，这种紧密地联系不容忽视。瑜伽体位法运用多种体位，如仰卧、俯卧、扭转侧弯、前弯后仰等，全方位地对人体脊柱、中枢神经、骨骼、肌肉、内脏等部位和器官进行刺激和按摩，同时结合身体内部的循环运转过程，激发身体的潜力，提升身体的素质，弥补人体内固有的不足。如果坚持这一健身方法，人们会感到身心放松，精神愉悦，同时能使全身得到充分地休息。在健身中，瑜伽体位不仅能起到放松身心、调节情绪、消除疲劳等作用，还可使全身经络畅通，气血运行通畅，提高机体的抵抗力，预防疾病的发生。瑜伽体位是一项平稳、舒适的有氧运动，其独特之处在于避免了身体受到其他剧烈运动的损耗，如乳酸积累、精神紧张和肌肉老化等，从而改善了身体的健康状况。目前，瑜伽练习中广泛采用的姿势种类接近于一百种之多。

3. 瑜伽的休息健身法

瑜伽的休息术（Yoga Nidra）是古老瑜伽中的一种颇具效果的放松艺术。瑜伽休息术的意思是完全集中导致的休息。瑜伽的休息是一种与一般意义上的睡眠截然不同的活动，它能够提供一种深度的休息状态。在多次的练习过程中，可以通过意识的引导，使其从意识中苏醒并得到控制。对于工作繁忙、缺少睡眠的人们，15 分钟左右的瑜伽休息术就能使人恢复精力。

瑜伽休息术的优点在于它能够为身体提供更深层次的休息，从而使身体的神经系统和肢体都得到充分地休息，使身体充满活力。只有当我们按照正确的方式进行放松时，才能感受到放松的松弛感。针对不同的放松目标、时间和环境，放松法可采用多种不同的训练方式。如果想在白天使用这一方式从而达到消除疲劳和快速补充精力的目的，只需要 15 分钟的充分休息就可以了，关键是在练习过程中集中精神、保持均匀地呼吸。在夜晚进行放松训练时，最好不要让别人打扰自己，以免影响自己的注意力，并尽可能地延长时间，直到身体自然进入梦乡。长期坚持这一方式，会发现自己的睡眠品质得到了显著地提升。即便睡眠的时间较短，清晨醒来也会精力充沛。在开展体位法的练习后，我们可以进行 10 分钟的松弛训练，以缓解运动所带来的紧张情绪。在结束每一节课或完成一组瑜伽姿势练习后，休息法可以缓解身体的紧绷状态，从而促进体内能量的循环。

从内容上来说，瑜伽休息术包括：瑜伽语音冥想、放松身体各部位、瑜伽场景冥想、充沛精力后起身。瑜伽休息宜在日间进行，比如工间或午休时间。大家的目的大多数是想快速消除疲劳、恢复精力，此时进行的休息时间往往比较短，能做放松身体各部位、瑜伽场景冥想、充沛精力后起身这三部分，其中的瑜伽场景冥想时间也可以由自己来掌握。

二、大众健美操健身

（一）大众健美操概述

"健美操"来源于英语单词"Aerobics"，也可以翻译为"有氧运动""有氧健美操"。20 世纪 60 年代，肯尼斯·库珀（Kenneth Cooper）博士开始在美国推行有氧运动（Aerobics）。Aerobics 在初始的发展阶段十分专注于强调有氧运动的作用，其主要目标是通过训练心肺来提高身体素质。在 20 世纪 70 年代末，随着有氧运动的兴起，健美操运动逐渐成了普通民众都十分喜爱的健身方式，而最初以有氧跑步为主要形式的运动则逐渐失去了它的吸引力。在 20 世纪 80 年代初期，美国的健身和影视明星简·方达凭借其丰富的健身经验，积极推行健美操的活动，1981 年，她所编写并出版的《简·方达健美术》一书更是引起了广泛的关注，为健美操运动在国际范围的发展做好了引导。从此，健美操

开始作为一种新的体育运动形式被人们接受。在 20 世纪 80 年代初期，健美操运动开始在我国流行。

随着健身运动的形式愈加丰富，人们对健身的认知也在不断深化，人们的知识水平不断提升，健身科学化程度也得到了发展，人们也对健身提出了更为多样化的需求，因此涌现出了许多类型的健美操形式。例如，近年来十分流行的水中健美操，在特定场地的固定器械有氧练习等，这些更为创新的形式使得健美操的内容得到了丰富，适用的人群更为层次化，健身效果更加显著；同时，有效降低了运动健身中固有的危险性。在全民健身的大背景下，健美操运动得到了蓬勃发展，并出现了多元化和科学化的趋势。

（二）大众健美操的健身方法

1. 头颈动作

大众健美操的头颈动作包括头颈部的屈、转、绕和环绕。这里简单介绍一下头部转动的动作方法：头部保持正直，然后头颈沿身体垂直轴向左、右转动 90°。

2. 上肢动作

大众健美操的上肢动作涵盖了手形和手臂动作。手形动作主要包括分掌、合掌和握拳等动作，而手臂动作则包括上臂的举起、屈曲、伸展、转动和环绕等动作。下面简要介绍一下手臂举动作的方法：以肩部为中心，手臂的运动范围通常在 180° 以内，并在某一特定位置停下。手臂举动作包括单臂和双臂的前举、后举、侧举、高侧举、低侧举、上举等多种变化。

3. 下肢动作

大众健美操的下肢动作主要包括无冲击动作、低冲击动作和高冲击动作。无冲击动作包括弹动、半蹲、弓步、提踵。低冲击动作包括踏步、走步、一字步、漫步、屈腿、并步、迈步移重心、交叉步、吸腿、摆腿、踢腿和"V"字步。高冲击动作包括跑、双脚跳、开合跳、并步跳、单脚跳、弹踢腿跳、点跳。这里简单介绍一下点跳的动作方法：以左脚点跳起步为例。点跳时，右脚蹬地跳起，同时左脚向左侧迈步落地，随之右脚并左脚点地，随后反方向做一次，动作相同，方向相反。在做点跳时要注意两腿轻松蹬地，身体重心随之平稳移动，注意膝踝的弹动。

4. 躯干动作

在健美操的动作中，躯干部位是最具有表现力的部分，躯干主要包括胸、腰、髋等部位。胸部动作包括含胸、展胸、移胸、振胸。腰部动作包括屈、转、绕和环绕、波浪。髋部动作包括顶髋、提髋、摆髋、绕和环绕。这里简单介绍一下顶髋的动作方法：顶髋时，健身者两腿开立，一腿支撑并伸直，另一腿屈膝内扣，上体保持正直，用力将髋顶出口。顶髋时要注意用力要有节奏感。

三、拉丁健美操健身

（一）拉丁健美操概述

拉丁健美操来源于"体育舞蹈"中的拉丁舞。自 2000 年起，拉丁健美操开始在北京风靡。这种融合了拉丁舞和健美操基本步伐的舞蹈形式，展现出鲜明的拉丁文化特色。拉丁健身操作为一项新兴体育项目，以其独特的魅力征服了许多人。在拉丁舞的狂热背景音乐中，健身者随着音乐的节奏尽情展现自己优美的身姿，通过身体的扭动，达到减去多余脂肪的目的。拉丁健美操的动作简单易学，深受广大青少年及白领人士喜爱。健美操是火热动感的南美风情舞蹈与富有活力的有氧健身操有机结合的产物，其动作风格奔放热情、音乐充满激情，并以优美舒展的舞姿、多变的舞步征服着人们。

（二）拉丁健美操的健身方法

1. 抖肩

做该动作技术时，健身者双臂伸直侧下举，五指分开，掌心向前，左肩前顶，右肩后展，再右肩前顶，左肩后展。

2. 恰恰步

恰恰步节奏形成为"1 哒 2"，即 2 拍 2 动的方式。在进行健身活动时，右腿向右侧迈出一拍"大"，同时左腿也向前迈出一步，右腿接着向右边迈去，这一动作被称为右侧恰恰步。在这一过程中，右脚应与左脚保持一定距离，并逐渐加大步长，直至身体重心完全落于脚跟上为止，这样既可增加下肢力量，又能有效地增强腿部灵活性和协调性。需要留意的是，恰恰步的变化具有多样性，可以朝着相反的方向前进，也可以朝着相反的方向前进，甚至是倒退；可

进行并行，也可以交叉步操作；可以采用独立性动作，也可以与其他步伐相结合的方式来完成任务。

3. 曼波步

节奏的构成是均匀的，没有任何切分或节拍的影响，可以通过前后、向侧或结合转体动作来实现。在传统健美操中也常用这个步伐。运用该技术动作时，左脚向前一步，重心前移，同时向左摆髋。然后，重心后移至右脚，同时向右摆髋。左脚向后一步，重心后移，同时向左摆髋。随后，重心前移至右脚，同时向右摆髋。做曼波步时，两臂屈肘于腰间自然摆动。

4. 桑巴步

桑巴步以"1哒2"、2拍2动的节奏形式呈现，然而与恰恰步的区别是：其"大"拍时间短促，且在完成动作时做好短暂的停顿动作。桑巴步在练习中需要掌握好基本技术和速度变化，同时还要注重对呼吸、关节等方面的训练，可以连续多次使用桑巴步进行移动，需要特别留意髋部随着重心移动的变化而变化。

四、踏板健美操健身

（一）踏板健美操概述

健美操包括很多项目，其中有氧踏板操（Step Aerobics）就是在健美操中出现的最早的一项有氧运动。据说有氧踏板操运动的最早发明者是一位膝部受伤的美国有氧操教练。踏板操是能有效提高有氧运动水平的中高强度的有氧运动。有氧踏板操的挑战性和娱乐性都很强，它能够有效提升锻炼者的协调能力和全身的力量控制。通常，练习者主要在自己的踏板周围运动，高级的有氧踏板操课程一人可以同时使用两块踏板。目前，大型健身房均有教授踏板操的课程，其中有氧踏板操以其独特的魅力备受广大健身爱好者青睐。

（二）踏板健美操的健身方法

1. 上下板

健身者面对踏板，双脚依次上、下板。左脚上板，右脚上板，双腿并拢；左脚下板，右脚下板，双腿并拢。上下板可以变形为"V"字步和"A"字步。

"V"字步是健身者站在地上，双腿并拢，立正姿势；板上，双腿分开，同肩宽。"A"字步是健身者站在板上，双腿并拢，成立正姿势；地上，双腿分开，同肩宽。

2. 点板

健身者面对踏板，双手叉腰；左脚脚跟点在板上，然后收回，成立正姿势。重心落在地面的脚上，点板脚为虚点步。

3. 单腿支撑

这是一种交替上板的动作，每次上板都改变引脚。单腿支撑，另一腿为动力腿或做动作腿。单腿支撑可以变形为提膝、侧踢、后抬腿、前踢。

4. 转板

转板是一种通过身体转体 180°来完成的交替步伐或交替"V"形步伐。它可以从板的一侧开始，经过板顶，到达板的另一侧下板。在健身过程中，健身者首先将右脚放在板上，在 1/4 转向前方，接着将左脚放在板上，随后将右脚下板，最后再将左脚下板。转板也可以在第四拍的时候变形为前提膝或后屈腿动作。

5. 过板

过板是在板的一侧经过板上到板的另一侧，方向不变；可横板可竖板。过板可以变形为在板上可小跳或小屈腿跳。

6. 板上落

这是一种交替落脚的着地步伐。在板上开始动作，要注意以较慢的速度开始，落地时前脚掌落地。板上落可以变形为单单双、后脚落、侧蹲。

7. 跨板

双脚跨在板两侧，从板两侧上板。注意脚落板和上板的位置。跨板可变形为单侧落下，上板时前吸、前踢、侧踢，从板侧开始跨板。

第四节 时尚运动

时尚运动是随着社会科技不断发展，人们对精神文明越来越注重，对健康的生活方式越来越追求的产物，在人文哲学领域，时尚运动更倾向于将各种元

素融合在一起，而非将元素对立起来。时尚运动强调身体锻炼、心理健康、智力提升、娱乐消遣、休闲娱乐以及表演艺术的综合作用。其特点是时尚、随意、动感、优美、火暴、激情和表现个性。时尚运动具有新颖性、流行性、健身性、休闲性、娱乐性、教育性、趣味性、惊险性、竞技性和商业性等特征。本节主要介绍街舞、轮滑和高尔夫球三大时尚流行运动，它们已经在全世界流行，并受到大众的青睐。

一、街舞

（一）街舞的概述

街舞（HipHop Dance）是爵士舞发展到 20 世纪 90 年代的产物。它起源于美国，自 20 世纪初至今，欧美流行着街舞这一娱乐性质较强的舞蹈，其形式十分多样，如迪斯科（Disco）、劲舞、霹雳舞、摇滚等，它以强烈劲爆的音乐和热情奔放的动作深受年轻朋友的喜爱，特点是爆发力强，在舞动时，肢体所做的动作亦较其他舞蹈夸张。街舞将流行舞蹈作为素材，结合体育健身的原则和具体形式，形成了健康街舞这一魅力较强的体育健身形式。街舞作为一种新兴的体育项目，深受广大青少年欢迎。街舞以其无拘无束的风格和瞬息万变的步伐，展现出其独特的魅力。街舞音乐不仅使用了强烈的低音效果，更在于其大量使用切分音，这使得大多数动作的完成都伴随着音乐的弱拍。因此街舞运动对人体各部位肌肉都有很强的锻炼作用，尤其对手臂力量及柔韧性要求较高，同时也能使人产生愉悦身心的感觉。尽管街舞动作需要全身协调，但上肢动作的作用不是最为重要的。

跳街舞是一项富有吸引力的运动，它能够让人保持高度的注意力和浓厚的兴趣。其动作优美自然，同时还具有瘦身的功效。此外，街舞训练的强度并不高，但能够达到消耗全身脂肪的效果，因此在运动达到 1 小时及以上时，消耗脂肪的效果非常显著。

（二）街舞的基本动作

1. 膝关节弹动

两腿并立，膝关节自然屈伸，两臂于体侧自然下垂。

2. 踏步

两腿并立，两腿依次踏地，膝关节自然屈伸，两臂屈肘于腰间，两臂自然前后摆动，两手半握拳。

3. 顶肩

预备姿势：两腿开立，比肩略宽。

（1）向上顶右肩，同时右手半握拳，右臂屈肘，左臂自然下垂，五指自然分开。

（2）向上顶左肩，同时左臂屈肘随左肩自然摆动，左手半握拳，右臂自然下垂，五指自然分开。

4. 含展胸

预备姿势：两腿并立。

（1）右腿向右一步，重心在两腿之间，同时做展胸动作。

（2）左腿并右腿，同时做含胸动作。

（3）前半拍，做展胸动作，同时右腿向右走一步。后半拍，做含胸动作，同时左腿并右腿。

（4）前半拍，右腿向右一步，做展胸动作。后半拍，左腿并右腿还原。两臂：右臂屈肘 90°，随含展胸动作做前后摆动，右手五指分开。掌心向前。左手五指分开，扶左髋。

5. 绕肘

预备姿势：两腿并立。

手型：食指剑指。

（1）右脚踏步，右臂肘关节由内向外绕 360° 至右臂侧平举。

（2）左脚踏步，左臂肘关节由内向外绕 360° 至左臂侧平举。

（3）右腿向后一步，同时右臂由内向下绕 180°，自然下垂。

（4）左腿向后一步并右腿，同时左臂由内向下绕 180°，自然下垂。

二、轮滑

（一）轮滑的概述

轮滑运动也称为"旱冰"或"溜冰"，它是依靠轮滑鞋在平坦光滑的地面

上自由滑动的一种运动。轮滑运动可以用于娱乐和健身，也可用于竞技和表演。它的运动动作有着特殊的艺术效应，因此是深受人们喜爱的运动之一。

轮滑运动集竞技性、艺术性、游戏性及健身性于一身。轮滑运动特殊的滑跑姿势，能够促进练习者肌肉力量和身体协调性、灵活性，较全面发展人体速度、力量、耐力、灵敏、柔韧、协调和平衡能力等身体素质，帮助人们改善心血管系统和呼吸系统功能，促进新陈代谢。同时青少年参与其中，则能从摔倒和爬起中得到启发和磨炼，有利于他们心理健康地发展。

（二）轮滑运动的基本技术

1. 站立

（1）平行站立

双脚分开与肩同宽，膝部微屈，保持双脚平行，身体微向前倾。身体重心在两脚之间，平稳站立。

（2）"V"字形站立

两脚尖自然张开，脚跟靠近。膝盖微屈，身体稍向前倾，两臂自然垂放，重心落于两脚之间，此站法可避免前后滑动。

（3）"丁"字形站立

双脚成"丁"字步站立，前脚跟卡于后脚的脚弓处，膝盖微屈，重心保持在后脚上，身体略向前倾。由于双脚相互作用，所以此站法相对稳定。

2. 原地适应性技术

（1）踏步练习

踏步时身体站立，上体微前倾，大腿用力向上抬起，小腿在空中呈自然状态，身体重心在支撑腿上，脚腕用力控制滑轮的滚动，保持抬腿时身体重心的移动平衡，两替做踏步。

（2）原地蹲起练习

两脚平行站立或八字站立，做向下蹲再起来的动作。开始时可半蹲，逐渐加大蹲的程度，最后可做深蹲。开始时可慢做，然后逐渐加快并连续做。

（3）单脚支撑平衡

在学习了原地踏步的技巧后，保持身体原有的姿势，以手扶栏杆或同伴的方式，将身体重心转移至一条腿上，然后将另一条腿侧向伸出，最后再将其收

回至起始状态，换脚重复以上动作。

3．滑跑技术

（1）直线滑跑技术

上体前倾稍高于臀部，大腿与小腿约成 110° 夹角，小腿与地面约成 60° 夹角，重心落于支撑脚的两轮之间，目视前方 10 米左右地面。如果左脚支撑前滑，右脚在右后侧下方蹬地，蹬地角约为 60°。同时右手前摆略高于头部，左臂自然后摆。右脚蹬地后，屈腿后摆再前收，靠左脚后落地支撑滑行，接着左脚在左后侧下方蹬地，交替滑行动作。直线滑跑是一个典型的周期性运动，一个周期是由 6 个阶段和 12 个动作所构成的。

（2）转弯滑行技术

惯性转弯就是利用原有的滑行惯性所做的转弯动作，是每个轮滑者必然面对的问题，同时也是应该掌握的技术。惯性转弯可以分为高姿势惯性转弯和低姿势惯性转弯两种。

4．起步技术

它的任务是在最短时间内获得较高速度。起跑由预备姿势（前点式）、起跑、疾跑、衔接等四部分组成。

（1）预备姿势（前点式）

面对起跑方向，两脚分开相距 35～55 厘米，两脚间开角大约 70°，前脚与起跑线约成 65°～70° 角，后脚与起跑线成 10°～15° 角，上体前倾，两臂自然下垂。身体重心放于两脚中间或偏前一些。

（2）起跑

听到枪声，迅速抬起前脚，后脚蹬地迅速，身体前倾，髋关节前送，两臂用力摆动，整个身体迅速向前冲出。

（3）疾跑

姿势较高，频率快，蹬地用力，随着滑速的提高，姿势由高变低，滑出角度由大变小，蹬地用力方向由后逐渐向侧后改变，步伐由小变大，逐渐向滑跑过渡。

（4）衔接

关键在于获得速度后的 1～2 步的调整，将疾跑与途中跑有机地衔接起来。

5. 停止滑行技术

（1）减速停止是在快速滑行时逐渐减缓速度的一种方法。通过在两脚内侧的轮子上施加向内的力，形成内部的"八"字形运动，可以迅速停止滑行。这种动作的目的是逐渐减少滑行速度，以实现安全可控的停止。

（2）"丁"字形停止，以右脚在前为例，可以先用左脚滑行，然后将右脚抬起，右足跟向里足尖向外，放在左脚前或后成"丁"字形，重心移至右脚上，以增加阻力，达到减速或急停。

（3）转体停止，在滑行中急停，可以改变滑行方向。采取向左或向右转圈，即左脚或右脚上一步向左或者向右转一个小圆圈，停止滑行。但在这个过程中要注意上体立直，下肢屈膝，切不可前倾，否则会跌倒。在掌握基本滑行技术的基础上，逐步学习后滑、双脚前滑转体后滑、花样滑等技术。

6. 倒滑技术

（1）倒滑基本姿势

在采用倒滑的过程中，无论进行何种动作，都必须确保上半身的垂直姿态，双腿弯曲，重心向下移动，同时双臂在身体两侧协助维持平衡。

（2）双脚交替蹬地直线倒滑

做好倒滑基本姿势后，两脚呈内八字开立。开始时左脚向侧前用力蹬地，将身体重心转移至左腿，然后向左后方滑行；右脚蹬地后，将右脚的脚跟抬起，然后以前轮着地的方式将其收至左脚内侧；臀部开始往右侧摆动，左脚用力蹬地，同时右脚后跟向外旋转并落地，右脚跟随重心的移动方向承接并使用重心向右后滑行；在左脚蹬地结束后，脚跟马上抬起，以前轮着地的方式将其收回至右脚内侧，当右脚再蹬地时左脚后脚跟外转落地滑行。

7. 转身技术

转身技术是指由正滑变为倒滑，以及由倒滑变为正滑的技术。

（1）正滑变倒滑方法一：正反步转身法

在正滑中想要向右转身时，应在左脚收回落地时，将脚尖方向偏后一些落地，然后在右脚抬起的同时，上体开始向右转体，同时右腿右脚右转 180° 落地，在右脚落地的同时，左脚脚跟抬起，以使上体也能转体到 180°，然后左脚随身体转过来落地，即可以继续做倒滑的动作。如果需要向左转身，动作方

法相同、方向相反。

（2）正滑变倒滑方法二：提脚跟跳转法

在正滑过程中想要转身变成倒滑，有以下步骤可供参考：首先，将双脚靠近滑行，可以右脚稍微靠前点，或者保持双脚平行。接着，在滑行时突然提起双脚跟，使其离开地面。同时，用力将身体主动向左转体 180°，带动臀部、腿和脚同时完成 180°的旋转。最后，迅速地将双脚跟着地，这样就可以顺利进行倒滑的动作。如果是从右边转身，可以尝试左脚稍微靠前点，或者双脚保持平行，动作的方法相同。重要的是要保持平衡和控制好力量的使用。这样你就可以在正滑中顺利转向倒滑。

（3）倒滑变正滑

倒滑变正滑的方法主要是反正步转身法：在倒滑中想要从右转身，当右脚蹬地结束抬起时上体迅速向右转体，同时右脚尖外转 180°落地，重心也随之移向右脚之上。在右脚落地的同时，左脚跟迅速抬起，并随身体转过来落地，即可开始正滑。

三、高尔夫球

（一）高尔夫运动概述

高尔夫球是一项极富魅力的体育运动项目，也是一种古老的贵族运动，但它不像篮球、足球等一些运动项目有准确的起源时间。

在当今世界范围内，高尔夫球的运动呈现出蓬勃发展的态势，在各大赛事中，美国高尔夫球协会、美国高尔夫球公开赛以及美国业余女子高尔夫球锦标赛等高尔夫组织和赛事占据着重要地位；英国职业高尔夫协会、英国高尔夫球公开赛以及英国业余高尔夫球锦标赛，均为备受瞩目的高尔夫运动盛事；世界业余高尔夫球理事会和世界杯高尔夫球比赛，皆为全球高尔夫运动赛事的重要组成部分。

高尔夫球运动不仅能锻炼人的手、臂、腰、腿、脚、眼等各器官部位的协调配合，还能锻炼人的心理素质。这一运动强度小，运动量适中，适合于不同年龄、不同性别的人。

（二）高尔夫运动的基本技术

1. 握杆

球员握持球杆的位置和方式，被称为握杆，这是高尔夫运动中最为基本的动作。通过使用正确的握杆技巧，球员可以精准地控制手臂的力度，精准地调整击球的力度和球的飞行速度与方向，从而将球精准地打向指定的位置；相反，错误的握杆法则会影响击球的效果和准确性。

2. 击球姿势

准备击球姿势就是球员握好球杆后，准备击球时身体各部位应处的正确位置，即球员做好站位，包括根据击球方向选定两脚的位置和把球杆杆面对准球的一系列动作。在障碍区内，球员做好站位即为准备击球，包括脚位、球位、身体姿势和击球动作四个方面。

3. 身体姿势

握好球杆后，正确的高尔夫击球姿势是十分重要的。开始时，让双手自然前伸，将球杆底部轻轻着地。调整双脚的位置，让它们与肩同宽，稳定地承担身体的重量。接着，从髋部开始前倾身体，但背部要挺直，以保持稳定性。头部自然地略微向下俯视，使你能够准确地看到球杆头部。同时，轻微弯曲双膝和髋部，稍微屈曲身体的左侧朝向你的目标方向。这个姿势有助于保持平衡和稳定，并提供更好的击球表现。记得在每次击球前检查一下姿势，确保它符合正确的要求。

4. 击球动作

在击球动作中，瞄准和击球是两个不可或缺的环节，击球是由引杆、下挥杆、触击球和跟杆四个不同的环节所构成。

第五节 传统武术

作为一项古老优秀的民族传统体育项目，传统武术在长达五千多年的历史演变发展中，积累了丰富多样的健身、养身保健理论和方法。传统武术以其独特的生理、心理功效受到人们的喜爱，吸引着无数国内外广大传统武术爱好者的参

与。随着人们物质、精神生活的提高，健康意识的增强，追求高质量的健康生活方式已成为现代人们的时尚。越来越多的人加入到传统武术健身的行列中，在掌握传统武术技术动作的同时，希望了解掌握更多的科学锻炼方法和健康保健知识。通过运用科学、合理地锻炼方法，人们可以达到促进身心健康平衡发展、提升身体素质、延长寿命的目的。

一、五禽戏

（一）五禽戏概述

五禽戏又称"五禽操""五禽气功""百步汗戏"等，它是中华民族优秀的民族健身功法，也是我国古代体育锻炼的一种重要的方式，具有疏通筋骨、预防疾病、延年益寿的功效。

据说五禽戏是古代养生家模仿动物姿态创造的各种形意动作，也就是古人所说的"五禽戏"。东汉名医华佗在《庄子》"熊经鸟伸"和《淮南子》"六禽戏"的基础上创编了以模仿虎、鹿、熊、猿、鸟五种动物活动形态的五禽戏，从而开创了导引套路术的先河。

"五禽戏"主要模仿天上飞的鹤、树上攀爬的猿、地上善跑的鹿、行走敦厚的熊和善于跑扑的虎的形神。具体而言，在虎戏中体现了虎的凶猛，神威并重，动作变化刚柔相济；在熊戏中，表现出熊的敦厚沉稳、松静自然的神态；鸟戏主要表现鹤的轻捷挺拔；鹿戏中表现出鹿的神态安静、奔跑轻松；猿戏中表现出猿的灵敏。

"五禽戏"发展至今已经形成了不少的流派，这些流派都有自己特殊的风格和特点，有的甚至直接冠以华佗之名。但是从总体上看来，他们都是根据"五禽"动作，结合自己练功体验所编出来的"仿生式"导引法，具有活动筋骨、疏通气血、预防疾病、健身延年的效果。这些五禽之戏中，有外功型，也有内功型。外功型多偏重肢体运动、模仿"五禽"动作、意在健身强体的，也就是我们通常所说的"五禽戏"。内功型多仿效"五禽"神态、以内气运行为主，重视意念锻炼，如五禽气功图就是其中的典型代表。这些功法动作简便易学，数量沿用了陶弘景的《养性延命录》的描述，特别符合中老人运动的规律。所以，随着国家体育总局的大力推广，"五禽戏"已经成为我国大众健身的重要

项目之一。

（二）五禽戏健身法

1. 虎戏健身法

虎戏以虎的形象为蓝本，吸取其神韵，巧妙地运用爪力、摆动头部和尾巴、鼓荡全身等动作。此乃用"虎"之精神，模拟人体阳气的盛衰状态而形成的一种特殊艺术形式。命门所在，乃元阳之所居，内含精血之海，是元气之根，值得我们坚守。学习虎戏，可促进肾脏和腰部的强健发展，同时增强骨骼和髓质的发育，有助于督脉的畅通，消除风寒之邪。虎戏的健身方法主要有以下两个。

（1）虎举

该动作中，双掌举起下落，一升一降，吸清气，呼浊气，可疏通、调理三焦；手掌变成虎爪，再变成拳头，可以改善血液循环，增强握力。

（2）虎扑

虎扑的动作，锻炼了脊柱各关节的柔韧性和伸展性，从而带动了腰部运动，增强了腰部肌肉力量，也对腰肌劳损、习惯性扭伤腰部等疾病具有显著的治疗和预防作用。另外，脊柱的伸展运动，还起到疏通经络、活跃气血的作用。

2. 鹿戏健身法

鹿戏是模仿鹿的动作达到健身的目的，取其长寿而性灵，善运尾闾，尾闾是任、督二脉通会之处，鹿戏意守尾闾，可以引气周营于身，畅通经络，促进血脉流动，舒展筋骨。其健身方法主要有下面两种。

（1）鹿抵

中医认为"腰为肾之府"[①]。腰部的侧屈拧转，不仅能够带动脊柱的旋转，增强腰部力量，防止腰部脂肪堆积，还能够强腰补肾、强筋健骨。此外，眼睛看后脚跟这个动作又会加大腰部的旋转程度，从而对腰椎小关节紊乱等症状能起到较好的防治之效。

（2）鹿奔

该健身方法中，双臂内旋、前伸，牵拉肩、背肌肉，对颈肩病症具有很好的防治作用；弓背收腹，增强腰背肌肉力量，起到矫正脊柱的作用；身体后坐

---

① 张彦军，朱宝，邓强. 赵继荣主任医师基于"腰为肾之府"论治肝肾亏虚型腰椎间盘突出症经验[J]. 中医研究，2016，29（7）：4.

时，打开大椎骨，可以疏通经气，振奋全身阳气。

3. 熊戏健身法

熊戏是模仿熊的动作而达到健身的目的，熊体展现出惊人的智慧和力量，其外表沉静内敛，却蕴含着无限的生命力。在进行熊戏的练习时，特别注重角色内在的动态表现和外在的静态表现。其有使头脑虚静、义气相和、真气贯通，且有健脾益胃之功效。熊戏的健身方法主要有下面两种。

（1）熊运拳

该方法中，腰、腹转动，双拳划圆的动作，不仅可以活动腰部关节，防治腰肌劳损等，还可以引导内气运行，加强脾胃功能。同时，此方法对消化不良、腹胀腹泻、便秘等也有很好的治疗效果。

（2）熊晃

该健身方法中，健身者通过身体的左右摇晃，可以牵动两肋，起到调理肝脾的作用；提髋行走，落步微震，可以增强髋关节的肌肉力量，提高平衡能力，对于老年人的下肢无力、髋关节劳损、膝痛等有很好的治疗效果。

4. 猿戏健身法

猿戏是通过模仿猿的动作达到健身的目的，猿反应灵敏、动作迅速。为了达到猿戏的锻炼目的，我们需要做好肢体灵活性的锻炼，同时也要做好自己思想灵活性的锻炼。练功时先将意念集中于丹田之中，再慢慢放松四肢，使全身肌肉松弛，以达到身体的动态与精神的平衡。猿戏的健身方法主要有下面两种。

（1）猿提

该健身方法中"猿钩"的快速变化能够增强神经及肌肉的反应能力和灵敏力；而双掌上提及下按，带动了颈、肩、腹部的运动，能够增强呼吸功能，改善脑部供血；提脚跟直立，能够增强腿部力量，从而提高人体的平衡能力。

（2）猿擒

该健身方法中，健身者在眼神的左右扫视动作帮助下，能够达到刺激颈部肌肉活动的效果，从而刺激脑部血液循环的频率；模仿猿猴采摘桃子的行为，有助于缓解神经系统的紧张状态，从而达到放松脑部活动的效果。

5. 鸟戏健身法

鸟戏是通过模仿鹤的动作达到健身的目的，鹤的动作轻盈自如，十分舒展。为了练好此戏，必须注重维护气海的完整性，因为气海是任脉中至关重要的穴

位，也是生气之海。而鸟戏则能够调节气血，畅通经络，促进筋骨关节的运动。鸟戏的健身方法主要有下面两种。

（1）鸟伸

该健身方法中，健身者通过双手前伸后摆，可以疏通经脉之气，而上举下按，可以增加肺活量，增强肺部功能，进而改善慢性支气管炎、肺气肿等病症。

（2）鸟飞

该方法中，健身者通过双臂的上下运动并配合呼吸，可以起到按摩心肺的作用，增强血氧交换能力；手指的上翘紧绷，可以加强肺经经气的流通，进而提高心肺功能；提膝独立运动，可以增强人体平衡。

二、八段锦

（一）八段锦概述

八段锦之名始见于南宋文学家洪迈所著的《夷坚乙志》中。它是北宋开始出现的一种成套术式导引，全套由八节连贯动作组成。在我国古老的健身术中，八段锦是流传最广、对导引术发展影响最大的一种。

"八段锦"以"锦"命名，一则可以表明这种导引术的精美可贵；二则表明这种导引术不是各个互不相连的单个导引术式的集合，而是由各个具有不同作用的导引术式组成的套路式导引术，如织锦那样绵绵不断。"八"字也不是单指"段"的数目，表示如八卦那样，其功法有多种要素相互联系、相互制约、循环运转之意。

八段锦，作为一种导引养生功法，在中国民间流传甚广，其保健功效备受人们的推崇。该功法包含八个部分的动作，每个部分锻炼的重点都存在差异。但如果开展综合化的概念，它能够对全身各个部位达到锻炼的效果，对内脏、气血和经络等器官进行锻炼，是一种能够起到全面调养的健身方法。通过练习八段锦可以实现身体健康、预防疾病、治疗疾病的目的。自古以来，八段锦因其多样化的功效备受人们的喜爱。

此外，八段锦不仅是一项动作简单的肢体活动，而是一项涵盖意念和节奏呼吸的综合健身运动。简言之，八段锦的意念活动在于排除外界纷繁复杂信息的影响，在锻炼时集中注意力，并将注意力聚焦于丹田部位，从而使自身陷入

一种独立于世的境界。呼吸也是同样的状态，健身者需要将呼吸调节至轻盈飘逸的状态，仿佛春风拂面，又似鹅羽轻舞。

（二）八段锦的健身方法

八段锦在长期的发展中，根据风格和练法的不同，形成了多种流派。按照练习姿态，可以将八段锦分为坐式八段锦和立式八段锦；按照南北刚柔练法的不同，可将八段锦分为文八段和武八段。在众多八段锦套路中，清代光绪年间定型的立式八段锦成为后来较为稳定和流行的健身方法，下面将对其进行重点介绍。

1. 两手托天理三焦

直立挺拔，双足分离，与肩平齐。两个手臂在身体一侧自然松弛，然后缓缓向上抬起，双手交叉于头顶，手掌向上托起，同时踮起两脚跟，缓慢地将双臂放下并复原，同时轻轻地将两脚跟着地，重复多次。如果在锻炼中加入呼吸的配合，则在上托时深吸一口气，在复原时则深呼一口气。

该动作中，健身者两手交叉上托，缓慢用力拉伸，可以上调心肺、中调脾胃、下调肝肾，使习练者的肝腑器官得到舒展，进而协调气血循环，以达到平衡状态；通过对躯干和上肢各关节周围的肌肉、韧带和软组织进行拉伸，可以有效预防肩部疾病和颈椎病等疾病，具有显著的治疗效果。

2. 左右开弓似射雕

身体挺直，左脚迈出一大步，身体下蹲，仿佛在骑一匹马。双臂交叉于胸前，右臂外扬，左臂内凹，左手握拳后，食指向上跷起，拇指伸直与食指成八字状。随后，左臂向左推出并伸展，头部随之向左旋转，右手握拳，展开双臂向右平拉作拉弓状，展现出优美的姿势。在动作复原后，需要进行动作的交换，并需要重复多次。若与呼吸进行配合，则需要在展臂和拉弓过程中维持吸气的状态，复原过程中维持呼气的状态。

做该动作时，习练者展肩扩胸，可以刺激督脉和背部俞穴，坚持习练，可以有效地增加手臂和手部的肌肉力量，提高手腕及手指的灵活性。利于矫正不良姿势，比如驼背和肩内收等，对于肩颈疾病也有很好的治疗效果。

3. 调理脾胃须单举

将身体维持在一个直立的状态，双足分离，与肩平齐。右手高举掌心，五指紧密相连，掌心向上，指尖向右，同时左手向下做按压的动作，维持掌心向

下，指尖向前。如此数次至全身肌肉放松为止。在动作复原后，双手交替进行这一动作，不断多次，以达到最佳效果。若想要和呼气相配合，则需在上举下举时按时吸气，恢复时则需呼出气息。

做该动作时，习练者通过上肢的一松一紧、一上一下地对拉，通过激发腹部、胸部等部位的相关经络和穴位，可以促进脾胃和肝脏的健康循环，从而达到调理身体的效果。此外，对脊柱内各椎骨间小关节及小肌肉进行锻炼，有助于提高脊柱的柔韧程度，从而有效预防肩颈疾病的发生。

4. 五劳七伤向后瞧

保持身体姿势的直立，双足分离，与肩平齐。在这基础上再逐渐放松身体，双手掌心紧贴双腿，随后缓缓左右扫视，多次重复这一动作。若与呼吸的动作相配合，则在向后看时吸气，在动作复原时呼气。

在这一动作中，上肢可通过伸展、外旋或扭转的方式，实现对胸腔和腹腔内脏的扩张和牵拉。通过"瞧"转头的动作，可以对颈部大椎穴产生刺激，从而增加颈部和肩关节的运动频次，有效预防眼睛的疲劳，预防肩、颈、背等部位出现疾病，同时改善血液循环的过程，提振精神。

5. 摇头摆尾去心火

将双脚分离，并将双脚的距离保持在约为三个足底的长度，弯曲膝盖并半蹲成骑马式。张开双臂，将双手的虎口向内，将手固定在大腿前部，以确保安全。头部和上半身向前倾斜，接着进行一个环形的旋转，旋转数圈后再向相反方向旋转。在进行腰部旋转的同时，适当地摆动臀部以达到最佳效果。若想和呼吸相配合，则在腰部旋转时进行吸气操作，而在恢复时则进行呼气操作。

做该动作时，健身者双腿下蹲，摆动尾间，可以刺激脊柱、督脉，有利于疏经泄热，去除心火。此外，摇头摆尾的动作还能够加强颈、腰、髋等关节的灵活性和力量性。

6. 两手攀足固肾腰

将身体维持在直立的状态，双脚并立，膝盖伸展，上半身前倾，双手紧握双足趾头。如果双手不能够到双脚，可以放弃这一姿势，头部微微仰起。接着，恢复身体的直立姿势，同时双手紧握成拳，紧贴着腰椎的两侧，将身体缓缓向后仰，然后再次回到直立的姿势，多次。本式需要结合自然式的呼吸。

通过前屈后伸双臂，健身者能够刺激到自己身体的各个穴位，如果持之以

恒地进行练习，有助于对泌尿生殖系统慢性病起到防治的效果，从而实现固肾壮腰的目的。此外，它还能有效地刺激肾脏、肾上腺和输尿管，从而改善它们的功能状态。

7. 攒拳怒目增气力

将双腿分开，屈膝成骑马式，双手紧握拳柄，置于腰间，拳心高昂。将右拳向前猛击，右臂伸展，拳心向下，将眼睛瞪得大大的，目光中透露出一股向前虎视之意。接着，左拳被收回，紧接着右拳被如法击出，左右交替展开。重复上述动作数次后再换左手或右手击之。若与呼吸相辅相成，则在击拳时呼出气息，而在收拳时则进行吸气的调整。

中医认为"肝主筋，开窍于目"[①]，而本动作中的"怒目瞪圆"可以刺激肝经，调理肝血，进而强健筋骨；两腿下蹲，双手攒拳、抓握、旋腕等通过长期的动作练习，可以刺激手足经脉和穴位，从而增强全身肌肉的结实程度和气力。

8. 背后七颠百病消

将身体保持在直立的姿势，双掌紧贴腿部，双膝伸直，足跟并拢向离地数寸处提起，同时昂首挺胸，进行全身提举式。接着，以轻柔的力度将足跟恢复原状，并多次。在进行呼吸配合的过程中，当足跟被提起时，进行吸气调整，而当足跟被触地时，则进行呼气调整。

在以上的动作中，足趾抓地确实可以刺激足部经脉，从而起到调节脏腑功能的作用。颠足可以刺激脊柱与督脉，进而畅通全身的肝腑气血循环。同时，这个动作还可以增强小腿肌肉的力量，并提升身体的平衡能力。通过预防落地时的震动，可以刺激下肢与脊柱的关节，从而促进全身肌肉的放松，减轻关节的紧张感。这些效果都有助于改善身体的健康状况。

三、八卦掌

（一）八卦掌概述

"八卦"最早见于《易经》："两仪生四象，四象生八卦。"[②]从这一点来说，八卦掌与中国古代哲学中的八卦学说有直接关系。所谓八卦，就是用两种符号，

---

① 张宏雷. 浅论肝胆疾病的中医辨证施治 [J]. 医学信息：医学与计算机应用，2014（25）：1.

② 田进文，张波. "太极生八卦"中的阴阳逻辑规律探析 [J]. 世界中西医结合杂志，2012，7（4）：4.

阳爻和阴爻组成的八种基本图形，每个图形有一定的方位，分别叫做乾、坤、震、巽、坎、离、艮、兑。这八种图形，互相之间有一定的对应关系和变化规律。八卦掌是一种将阴阳鱼与八卦基本图形相融合的技艺，通过八卦图的演练来展现其独特之处。八卦掌同时也是一种以形取象、以意造型、以阴阳变化为主要内容的技术，因此八卦掌也称游身八卦掌、八卦连环掌。八卦掌最突出的特点就是不断地在弧线上走圈，左旋右转，右旋左转，故八卦掌又称"转掌""游身八卦掌""阴阳八卦拳"等。八卦掌的走圈用术语来讲，叫做"行桩"，是八卦掌的基本功。

在内家拳种中，八卦掌算是一个后起之秀。尽管八卦掌仅有百余载历史，但它以独具匠心的运动形式、神奇非凡的技击效果、有效的健身效果、神秘的拳术理论以及引人入胜的神功轶事，在武林中享有盛誉，成为中华武林中不可缺少的拳种之一，引起世人瞩目。如今，八卦掌的传人已经遍及世界各地，并形成了不同的流派，其中程派八卦掌、尹派八卦掌、史派八卦掌、梁派八卦掌、张派八卦掌因流传面广、传人较多而成为八卦掌的主要流派。

（二）八卦掌的健身方法

八卦掌的起源可以追溯到"先天八卦掌"，也被称为"老八掌"。随着时间的推移，八卦掌的各个招式不断演变，最终形成了"后天八卦掌"，即一掌生八式，八掌一共 64 种掌法。这种演变极大地丰富了八卦掌的具体训练内容。这里我们主要介绍一下八卦掌中几项基本的健身练习方法。

1. 单换掌

（1）起势

健身者开始时应保持立正，两脚尖稍微向外展开。双臂自然垂于身体两侧，头颈保持直立，肩膀放松。口闭合，呼吸保持自然。眼睛平视前方，双膝微微弯曲，双手从两侧交叉至腹部前方（左下右上），手掌朝上。右手沿着左前臂的外侧向上穿过，手指指尖指向上方。当右肘略高于肩膀而左手与头顶齐平时（右手高于左手），身体逐渐向右转动。随着身体的转动，两前臂内旋并下落，双掌跟随转动向外推展，手掌心朝外，右掌高于眉毛，手指间略微弯曲，拇指、小指和无名指稍微向内收拢；左掌落在右肘下方，手掌心对准右手掌心，右手掌心对准圆圈的中心。同时，右脚向前跨出一步，膝盖稍微弯曲，脚尖稍微内

扣，双脚的跟部前后相对，重心偏向左腿。眼睛跟随手掌的移动，然后注视右手食指指尖。这个姿势是五禽戏中的一种，在完成动作时需要保持身体的平衡和稳定。通过身体的旋转、手臂的动作和腿部的调整，可以锻炼身体的灵活性和协调性，并带来身心的放松与集中。

（2）摆步右推掌（石青龙反首）

由起势开始，右脚向前迈出半步，左脚沿着圆形路线继续前进，向右旋转（右脚为内脚，左脚为外脚）。右脚迈出的步子要直，左脚稍微向内扣。当走到石脚在前的位置时（步子的长度可以根据个人情况而定），左脚尖向右脚尖处内扣上步，两脚尖之间的距离约为 10 厘米，两脚的脚跟向外张开（形成八字形）。同时，身体向右转动，双手保持不动。接着，右脚向右方摆出一步（沿着圆圈路线），脚尖稍微向外撤。同时，身体继续右转，右前臂内旋，手掌心向外推展，拇指侧微向下，左掌仍停留在右肘下方。注视着右手掌。

（3）右穿左推掌（青龙转身左势）

上势不停，身体继续向右转。左脚随身体转动，再向右脚处扣步，两脚尖距离约 10 厘米，两脚跟外撑（呈八字形）。同时左掌顺右腋下向后穿，掌心向上；前臂外旋，掌心翻转向上，小指侧贴于左肩外侧。眼向右看。左手顺右臂外侧向上移动。同时身体向左扭转，左肘部起到略高于肩、右手高与头齐平时（两手左高右低），两前臂内旋（向里拧转）并向下落，两掌随向外推，手心均向外。左掌高与眉齐，虎口撑圆，食指挺直，拇指、小指、无名指微向里扣；右掌落到左肘下方，虎口对左肘尖，左掌对圆圈的中心。同时左脚前移半步，膝部微屈，脚尖微向里扣，两脚跟前后相对，重心偏于右腿。眼神随左掌移动，然后注视左掌食指指尖。

2. 转身掌

（1）右转身左穿掌（燕子入林）

在右掌位于前方的情况下，身体继续向右环行，直到右脚处于前方。接着，左脚（外脚）向右脚尖方向迈出一步，身体随之右转，右脚再次向右摆步。同时，左掌从右前臂下方穿过，掌心朝上，在左肩前停下。与此同时，左脚向前迈出一步，身体的重心偏向右腿，眼睛注视着左掌。

（2）转身仆步盖掌（走马回头）

上势不停，左脚尖里扣，身体右后转，右脚随之外摆；然后左脚继续进一

步，脚尖里扣。同时左掌经左上方向头前盖下，右掌经胸前内旋使掌心向外，手背贴肋，接着再顺着肋部向右腿外侧下插。伸直，全脚掌着地。左掌随之收到左腰侧，掌心向上，眼看右掌。

（3）转身双推掌（白猿献果）

右脚尖外撇，身体随之右转，左脚再向右脚尖扣步，左掌由右腋向右穿。然后身体再向左转，左脚随之前移半步。同时左掌随转体向左旋转，两掌心翻转向上，高与胸齐，两前臂相靠，两肘接近胸部，眼看左掌指尖。

3．双抱掌

（1）翻转抱掌（狮子滚球）

两手心上下相对（左掌在下，右掌在上），向左环行，走至左脚在前时（里脚），右脚向左脚尖扣步前进，身体左转。然后左脚向左方外摆，右脚再向左脚扣步。同时左掌经腹前下落，两掌心相对，随身体的转动，左掌由下向上提，掌心向下：右掌由上向下转动，停在右腿外侧，掌心向上，眼向上看。以右脚掌为轴，脚尖里扣，身体向左后，右脚向左后方撇一步，膝部微屈，体重偏于右腿。同时右掌由下向上托起，左掌由上向下落，随身体转动停在两膝上方，掌心相对，眼看左掌。

（2）双抱掌（狮子抱球）

由上势左脚尖向外撇，身体左后转，右脚随之向左脚扣步，同时右向左腋下穿出。然后身体右转，右脚前移半步。右掌随着转身动作由左向右旋转伸出，掌心向上；左掌举在头上方，掌心向下，两掌心。

第五章
探索全民健身新模式

本章介绍了对全民健身新模式的探索，围绕着生态体育资源的开发利用、学校生态体育的理论及构想、城市生态体育的构建及应用、农村生态体育的构建及应用、全民健身与全民健康的融合发展五方面展开。

第一节　生态体育资源的开发利用

如同任何一种现代事业，生态体育亦非大众个人的事情，是需要全社会参与的系统工程。在我们看来，生态体育欲顺利开展，则需要通过教育在全社会范围内建立良好的对体育的理解。这是为了使个人的身心得以健康发展，同时也是人与自然相互融合和实现人类与自然和谐共处且共同进步首要条件。其必须由政府和相关的体育机构进行筹划及适当的引领，给予生态体育发展条件。其中有关于如何利用生态体育资源是一个重点。生态体育资源，即指为了使生态体育得以良好的发展必须提供相应的物质基础、精神推动力、可用于转换的活动方式及其实现转换的自然环境及文化资源。

一、生态体育的自然资源与文化资源

（一）生态体育的自然资源

自然环境是生态体育为了更好地发展而不可缺少的空间需求及物质需求

的保证。若提供有利于亲近自然的环境空间，创造人与自然和谐相处的良好环境，人们可以以良好的身心从事体育锻炼，其中的物质需求的满足是开展生态体育的决定性条件。实际上，地方性体育文化的产生离不开自然环境的影响，原生态的体育活动即是由自然环境决定的。

1. 气候条件与生态体育

进行体育运动的基础条件是人类的身体，身体的活动空间及所能达到的程度范围会受到气候的约束。在以自然为基础的生态体育中，自然环境的影响会很大，对于成本的消耗及运动的可能性而言，适合人体需求的气候对成本及实施运动的可能性起到正向的作用。

2. 地貌类型与生态体育

由于位置不同导致地貌特征多种多样，其可分为以下几种类型：中山、低山、丘陵、台地、盆地、山间平原、黄河冲积扇、黄泛平原和黄河三角洲等。丰富的山地资源为生态体育发展提供有利的条件，根据海拔高度的特点，可以根据山地各种海拔高度进行登山、野营、滑草等多项体育活动。其活动的特点不会对环境造成危害，反之会促进人与自然能够协调发展，和谐共处，并且人在自然环境中使身体更加健康，身心得到愉悦。

3. 水体资源与生态体育

沙滩空气清新，适合人们休闲娱乐，由于自然环境为人们进行健身提供良好的天然场所，使青年人能在这种舒适的环境中体会运动的乐趣。除了传统的休闲运动之外，人们还逐渐发展出很多在沙滩上进行的体育健身运动，如沙滩排球等。沙滩运动不仅能使人们感受到自然带来的独特且舒适享受，同时为人们带来了与自然和谐相处的神秘感觉。目前，沙滩活动已逐渐成为人们的主流生活休闲活动，沙滩健身活动中以砂疗为主要活动其功效是有益于情绪的调节，消除疲劳感。

4. 森林资源与生态体育

每亩森林每天可吸收 67 kg 二氧化碳，制造 49 kg 氧气[①]，它不仅使空气格外清新，而且具有抑菌、杀菌和预防疾病的功能，所以森林被称为"天然氧吧"。在郁郁葱葱的森林中，不仅令人心旷神怡，还能够对人的身体起到锻炼和治病

---

① 陈封. "让森林吸收二氧化碳"[J]. 世界知识，1992（14）：31.

的效果。在世界范围内，涌现出了众多风格别树一帜的"森林医疗机构"。这类医疗机构坐落于广袤的森林之中，没有医院中常见的医护人员和医疗设备，而是依靠人工修建的树荫小道和树林的天然环境，为人类提供的各种身心完全放松的休息场所，这便是广为人知的"森林疗法"，也被许多人称为森林浴。

（二）生态体育的文化资源

在生态体育的范围内，文化资源已成为生态体育在发展方面的精神推动力，并为生态体育提供了可持续转换的生活方式，而生态体育的精神推动力就是生态体育发展的未来路径，但后者即是能够创新性地开展满足现代人需求的生活的生态体育运动模式主要借鉴对象，在维持生态平衡的同时，实现文化生态和价值生态之间的平衡状态。儒家文化的深厚底蕴与民间的体育文化相互交融，形成了一种独具特色的文化资源，其文化资源成为生态体育发展的重要因素。

1. 儒家文化与生态体育

儒家文化是中国传统文化重要的组成部分，同时儒家文化思想为体育文化的形成及发展贡献出很大的力量。针对目前的大众生态体育发展情况来说，儒家文化当中的"中和""中庸""天人合一"等思想深深地融入于生态体育精神当中，具有重要的意义。其意义可从两方面表现出来：第一方面是引导体育的走向，作为体育文化的核心理念引导体育事业的发展，是各种体育文化发展的基础；第二方面是发展及建设生态文化的基础理念。

2. "中和""中庸"与当代体育之道

"中和"是一种生命本来的自然状态及期望的理想境界，"和是天地万物生存的基础和遵循的规律，和谐，才有宇宙天地间的秩序和万物的生长繁育。因此，和也就应该成为人们遵循的原则和追求的目标"①。儒家注重的是尊重自然、自然与人类相和谐所形成的人文价值，将体育精神融入人格及精神的培养，在潜移默化中形成健全的人格。将"中和"思想应用于行动中，才能成为"中庸"。中庸的意义主要在于将理论应用于实践，通过将实践与人们内心的理想状态结合在一起，以达到在面对各种情况时能够保持冷静的状态，并合理运用

---

① 于语和，刘志松."和谐社会"溯源——以传统政治文化为中心 [J]. 徐州师范大学学报：哲学社会科学版，2007（01）：71-77.

"中庸之道"的处理方式。目前应将"中和之道"作为人文价值的走向，据此来处理处于体育活动中的反向观念的事情，促进精神与身体以及社会多种因素相遇和谐的美好愿景的实现，将体育回归于本然状态，使其能够推动生命更好地发展。

3. "天人合一"与当代生态文化的核心观念

"乾称父，坤称母；予兹藐焉，乃混然中处。故天地之塞，吾其体；天地之帅，吾其性。民，吾同胞；物，吾与也。"此句出自张载的《西铭》，将天地视为自己的父母，将世界万物与自身融为一体，四海之内皆兄弟，万物生灵皆为友。儒家主张的是"天人合一"的思想，并非仅对于生态伦理而言，在儒家对于宇宙思想的哲学方面而言，表明的观点也是追求人与自然平等且和谐共处的思想，而非以人为中心，置自然于不顾，肆意破坏，反而言之，要与万物生灵沟通。珍惜身体不仅是对父母尽孝的表现，同样也是对生命尊重的表现。爱惜自然就如爱惜自己的身体，以仁爱之心关爱自然的每个生灵。每个人都需要自觉地尊重自然，为生态文化与自然的和谐发展贡献出自己的一份力量。

4. 传统体育文化与生态体育

实现文化生态平衡的关键，不仅在于实现不同文化体系之间的协调发展，更在于达到同一个文化系统中许多要素和层次的促进和发展，从而形成一个有机的文化生态系统。在当前中国的体育文化进程中，一方面，生态文化系统会受到体育文化发展的深刻影响；另一方面，竞技体育和大众体育之间依然存在着较为严重的发展问题。因此充分发挥及创造性地利用传统文化资源，对两方面都有促进作用。

二、生态体育资源开发利用的原则与路径

（一）生态体育资源开发利用的原则

生态体育资源的合理开发和有效利用是一项当下重要而具有长远影响的事业。在推进大众体育和生态体育发展的过程中，我们应本着审慎态度，坚守可持续发展、生态教育、多元共融、共享共荣的原则。这样的努力将确保生态体育造福于广大人民群众，避免受到不良政治和商业利益的影响，防止其演变为剥夺人民根本幸福的负面力量。通过可持续发展，我们能够保护环境、合理

利用资源；通过生态教育，我们能够培养人们对自然环境的尊重与保护意识；通过多元共融，我们能够充分发挥不同地域和文化的特色；通过共享共荣，我们能够让每个人都能参与到体育活动中，共同享受体育带来的福祉。这样，生态体育将成为人们身心健康与幸福的推动力，为社会发展做出积极贡献。

1. 可持续发展原则

生态体育若想实现对生态体育资源的充分开发及利用，必须走可持续发展的道路。针对于自然资源及文化资源这种易损性资源的开发及利用过程中，首要任务是对稀有的资源实施保护措施，进而实现循环发展的最终目的。基于此，在环境的开发和利用过程中，必须按照生态规律进行协调处理，尤其是在开发自然资源的过程中，必须将生态环境的承载力放在首要位置。在制定体育活动的参与人数、体育活动的强度类型、体育活动区域等内容时，必须考虑到自然资源和环境的实际承载力，避免出现盲目开发、过度开发的问题，从而对自然界的环境造成不良的破坏。为了实现降低资源损耗的目的，具体的经济收入也应该投入到环境保护的过程中，保证自然环境的可持续利用性。实际上，西方体育发达国家的经验教训已足够我们吸取，只是我们并未将体育资源开发不能逾越提升为首要原则。同时，我们也对一些合资项目当中隐含的发达国家转嫁生态危机的企图缺乏必要的警惕。

2. 生态教育原则

生态体育的发展目的在于以体育的具体活动为纽带，拉近各个国家和地区间的关系，促进世界的和平发展。实现这一目标的重要前提是对资源进行高效的利用和开发，同时遵循客观自然规律和生态教育的任务。要实现生态体育目标，必须从国家层面进行规划，制定出相应的法律法规，同时还需要加大宣传力度。在人们进行体育活动的同时享受生命的自由，并且意识到自然及文化生态对于人类发展所起到的重要作用，进而使人类对自然尊重及保护意识觉醒，并逐渐实践于行动当中。有此内在自觉，生态体育才可能走上有序发展的轨道，也才可能真正实现可持续发展。为此，除了在学校体育教育当中增设相应的教育内容，在规划生态体育区、生态体育公园时，我们也可以考虑设计一些能够启迪人们产生环境保护意识和文化自觉的设施和项目。

3. "和而不同"原则

实现自然与文化生态保持平衡首先要认识到"和而不同"，主要采取的认

识态度是包容多样的价值选择及追求。在自然资源以及文化资源的开发利用方面，必须做到保护资源的真实及原生态。在保持自然资源的原生性的同时必须保持传统体育文化的完整，防止由于过度的利用及开发对文化造成难以挽回的破坏。虽然我们需要将过去的体育竞技游戏和游艺活动采取现代化的转型手段，但我们不能够随意地按照西方的竞技标准进行改写，这种改写的方式往往会导致文化取向变得固定和单一。在进行体育设施建设时，必须注重设施和当地自然环境的协调，特别是要避免在自然界的环境中盲目模仿现代都市体育建筑的风格，因为这不仅会破坏当地自然和人文之间的和谐意境，还会对传统的价值观造成负面的影响。实际上，单就经济效益而论，"和而不同"原则也值得重视，因为这样才可以为参与者提供丰富多样的产品，使整个产业得以有序发展。

4. 全民参与共享原则

考虑到文化资源具有的共享性以及公众对体育的根本需求，我们需要进行深入思考，全民都有参与及享受生态体育资源和文化资源的权利，防止特殊化存在。人们需要对资源及文化的价值进行评判，为实现保护生态的目标采取调整结构的方式进而达到调控目的。其宗旨是充分可持续性地利用环境资源及所投入当然资源支持，这样既满足了全民都能享受到体育锻炼的乐趣，同时激发全民参与生态运动的激情，进而达到保护生态环境的目的。把生态体育资源的开发利用完全交给市场运作是不负责任的做法，但完全由政府买单亦非明智之举，应当在二者之间寻求平衡。政府应当履行其宏观调控、监督、决断职能，在事关生态保护和人民权益的问题上具有一票否决权，商业公司的市场运作绝不能逾越这一底线。实际上，从长远看，全民参与恰恰能保证生态体育的投资者获得持续性回报。

（二）生态体育资源开发利用的路径

1. 适宜的生态体育教育

在维持自然生态及文化生态平衡的过程中，人的精神境界为基础。生态体育提倡的不是以人类为中心，而是注重人与自然的协调发展。生态体育追求的是竞技体育与西方体育以及多元性相融合，构成新的体育文化，推动生态体育文化平衡发展。然而，实现这一目的需要推行相应的教育，以文化生态的眼光

看待人、体育、自然之间的关系，开发出更好的适合体育发展的推广策略。由于教育的原则、目的以及内容发生改变，因此在推行过程中，学校及社区团体面临很大的挑战。针对挑战，学校及社区的教导者，应在知识储备及能力素质方面进行调整，如果有条件的话，可以考虑邀请民间的传承者到社区或学校进行传授技艺。为了实现儒家文化和体育理念的融合发展，我们可以将"天人合一"等理念与体育运动相结合，从而激发人们对本民族文化的认同感和自豪感。因此，我们必须从文化视角重新审视传统体育项目。体育作为文化的重要组成部分，人们必须从文化的视角出发，保护日渐式微的民间游艺竞技形式，达到延续地域文化和民族文化的目的。这不仅是时代发展的要求，更是人类社会文明进步的表现。高等体育院校在培养体育师资的教学过程中，也要及时调整人才培养的规格和课程内容。

2. 传统体育文化资源的创造性转化

传统体育文化资源的创造性转化是开发、利用传统文化的一项基本战略。为了让传统的娱乐和竞技活动融入人们的日常生活之中，需对其进行创造性转化以适应时代的发展。虽然有如日本的柔道及韩国的跆拳道会成为奥运会项目，但本书的主旨在于针对于大众的体育。对传统游艺活动进行创造性的转化不是以现代竞技体育的模式为模板进行转化，而是以现代的生活品质及生态体育的内涵为依据进行符合逻辑地改良转化，留存其中所包含的精神文化，对外形进行转化。保留其所具有的竞技性，因为竞技性能够激发人们参与的热情。充分弘扬受到儒家文化影响的传统体育活动，其中包含的"礼争"既弘扬了竞技性，又能够和谐。总而言之，此种转化观念合乎现代人的审美等各种观念，使其适应学校体育及社区体育的发展。仅从审美观念来说，为了使秧歌、高跷吸引年轻人关注，需对服饰进行改良，在服饰改良过程中需继承传统的同时又符合现代人的审美需求。如果允许，可以将东西方的体育形式结合在一起，使体育项目更具民族性及现代感。在传承传统体育文化、使其不会消失的过程中，需要人们充分发挥智慧，在人才培养方面充分发挥主观能动性，政府方面也应给予相应的支持。我们可以将过去传统的体育形式和现代化的体育形式结合在一起，从而孕育出既具有本土特色又充满现代风格的体育项目。为此，我们应当将人民群众的聪明智慧传承下去，同时与高校体育科研人员的积极性相结合，各主管部门也应主动承担起推广的责任。

3. 生态体育圈域的规划建设

生态体育圈域的规划建设旨在充分发挥自然资源与文化资源的功能，因为生态体育的自然资源与文化资源均具有易损性与不可替代性。总体来说，生态体育圈域的规划建设应当遵循可持续发展原则、生态教育原则、和而不同原则、全民参与共享原则。其规划设计本质上是一种专家行为，即政府起主导、组织、协调作用，而由体育学、生态学、文化学、社会学、地理学等各学科领域学者组成的专家组负责规划设计方案的提出与审议，还应提请人民群众评议监督，广泛听取各方面的意见。生态体育圈域的规划建设必须坚决杜绝短期行为、面子工程，摒弃单一的经济评价标准，采取生态指数、幸福指数等综合评价模型。所有的规划和建设都必须树立一个固定的标准，即必须要有利于自然生态、文化生态的和谐发展和人民群众的长久发展。在这个过程中政府具有执行权，专家拥有决定权，人民则握有监督权。在建设方面，强调的是生态化的原则，其中包括对生态住宅、生态交通、生态设施等硬件建设的重视，以及生态管理、生态文化、生态教育等软件建设，以切实解决目前较为普遍存在的建设规划上的无序不当、建设过程中的污染严重以及文化景观受损等非生态化问题。

（1）生态体育生活圈的规划建设

所谓生态体育生活圈即以生态体育理念为指导，对人们的体育生活进行规划的领域，并为人们日常的体育活动提供相应的场地及器材，这一表现有城市生态体育公园即农村生态体育广场。在生态体育生活圈规划的过程中须重视至少三方面的问题：首先，地理位置，要根据当地的自然环境与文化资源相结合设计及建设；其次，方便大众需求，结合大众生活的现实状况；最后，具有公益性，由政府出资建设并管理及维护。城建规划的主要内容是城市体育公园的建设，以可持续发展观发展城市建设，政府应当积极推动房地产开发商对建设区域进行科学、合理的规划。在乡村地区，兴建一座生态体育广场已成为刻不容缓的任务，这是建设乡土中国的必由之路，同时继承和发展具有民族特色的体育文化。

（2）生态体育旅游圈的规划建设

大众进行短期生态体育锻炼的领域被称为生态体育旅游圈。生态体育的旅游圈与生活圈具有交错处，其取决于旅游时非定居者短期居住地，因此，有居住时间的区分。在建设过程中需要考虑的问题有如下：首先，尊重生态规律，

在规划及设计时必须考虑当地的自然环境及生态文化；其次，遵循政府所提出的商业运营模式，不能为了利益而以牺牲自然环境为代价进行开发，甚至特殊化；最后，遵循可持续发展的原则，进行良性的开发及保护，政府应出台相关的政策作保障，甚至给予资金上的支持。除以上问题，在建设过程中，必须考虑安全性，建设中设置安全预警系统及遇到紧急情况能做到及时处理的机制，在人员及设施方面必须考虑周全。同时，确保传统体育文化的原本性，以确保居民能够积极参与。

（3）生态体育探险圈的规划建设

生态体育探险圈是一个对专业技能要求较高的运动领域，范围较广，包括洞穴探险、山地探险、海底探险等多种类型，活动区域具有一定的危险性。由于此类活动的专业性质，对参与者自身能力及体育设备都有相当高的要求，大众以往极少问津。但随着人们收入的提升和业余时间的富余，越来越多的体育爱好者对生态体育探险活动产生了浓厚的兴趣。然而，目前体育探险活动缺乏一定的规范，活动多由自发组织如"山友会"和"车友会"发起。生态体育探险活动不仅会对参与者的人身安全造成一定的威胁，还可能对自然生态造成一定的破坏，因此可以将其纳入体育事业的统一规划之中。特别是那些属于生态体育探险圈的区域活动，更应该做好规划和管理的工作，并承担相应的责任。在设计其他区域的探险活动时，应按照相应的要求纳入生态体育区域内，需要采取以下两种工作措施：第一，在实地调查的帮助下，确定能够正常开展体育探险活动的范围和活动的类型，同时采取紧急处置机制从而更好地应对突发的事件；第二，在确保安全的区域内开展体育探险活动时，相关部门应成立组织，并计划相应的活动方案，从而最大限度地降低风险。

三、生态体育发展存在的问题

（一）对生态体育的认识不足

生态体育在全球是一项刚刚兴起的事物，人们对于生态体育的有关信息、相关的用途及在今后的发展进程上等方面认识还不够全面。在生态体育方面的学术、研究、人才及相关论述少之又少，而在我国有关区域有关人员对生态体育发展的前景、可行性、相关的制度等方面还不够了解，并且对其特别的亮点

及发展前景有深刻的认识。这使得我国在生态体育方面的开发还比较缓慢，在生态体育相关的项目上还未提出相关的规划及构架。

（二）开发规模小，体育项目单一

五种生态体育资源类型并不是独立存在的，而是各种生态体育资源有机结合在一起的。鲁山国家森林公园就是山体生态体育资源和森林生态体育资源有机结合的典型；各大海水浴场等都将水体生态体育资源与沙滩生态体育资源进行有机融合，实现了资源的可持续利用；山体生态体育资源和地质地貌生态体育资源可以用临沂市的地下大峡谷来代表等等。在这些地方，可以综合开展不同的体育活动，例如将登山和攀岩活动结合起来；将沙滩足球、沙滩排球、游泳、帆船、水球等结合起来开展；将探险、山地自行车、蹦极等结合起来……这些多种类相结合的体育活动方式一定比单一的体育活动方式更能满足人们多元化体育需求，同时也更加强烈地吸引人们参与到生态体育中来。

（三）可持续发展观念落后

生态体育最明显的一个特点就是它必须以不破坏环境为前提。通过对各地生态体育发展现状的调查发现，人为因素对环境的破坏是制约生态体育健康发展的一个重要问题。生态体育的开发是以生态环境的承载力为前提的，随着当前开展的登山、漂流、探险、定向越野等活动，部分地区的生态环境难以承担生态体育开发的重负，所付出的代价，就是造成对生态环境的破坏。在一些旅游景点仍可见到乱扔垃圾、随地吐痰、攀折花木等，在一些河湖边、海边同样可以见到漂浮着的丢弃饮料瓶、方便袋、洗涤遗留废物等。这些或多或少会影响到人们去这些地方游玩、进行体育活动的兴趣，间接地影响到生态体育的开展。此外，一些省份在发展旅游业的过程中，缺乏对行业的规范和管理，导致这些地区的生态环境受到了旅游业的极大影响。这些因素直接影响了生态体育系统的有效运转，从而对其生态功能产生了深远影响。

（四）媒体网络报纸的宣传力度不够

当前媒体对于体育关注、报道的焦点绝大部分仍在竞技体育上，对学校体育和社会体育的关注很少。而生态体育是近年来社会体育发展的一大潮流，各

大媒体网络对生态体育的关注度明显不够，有关生态体育的报道很少见到。现代人对体育的认识和了解与媒体网络报纸等的宣传报道有很大程度上的关联性，这也就导致了人们对生态体育的不熟悉、不了解。

（五）社会体育指导员的补助

通过对各地生态体育现状的调查发现，目前，在各地区还没有职业性的与生态体育有关的社会体育指导员。我国的社会体育指导员无论是在数量还是质量上都没有达到发展社会体育的需要，更不用说是新兴的生态体育方面的社会体育指导员。生态体育中的有些运动项目具有较强的参与性、刺激性、挑战性，例如，帆船、定向越野、野外卜生存等，参与者在参与这些项目的过程中，不可避免地会遇到各种程度的心理问题，这些问题和障碍需要在社会体育指导员的专业帮助下，才能帮助他们解决疑惑并克服困难。调查发现，能够具备这些素质的社会体育指导员数量很少。绝大多数地区的社会体育指导员多是一些志愿者，并且人数非常少，退休人员占了很大的比重，而且他们的指导服务内容比较陈旧，重视传统锻炼方法的推广，像一些新兴的极限体育项目很少进行普及。他们在指导的过程中重视运动技术的传授，或多或少地忽视了医务监督和运动处方的指导。总体而言，大部分社会体育指导员缺乏指导的科学性和系统性。

（六）基础设施薄弱，交通水电住宿服务相对落后

生态体育的繁荣发展需要依赖交通和通讯等基础设施的建设。一些生态体育项目，如登山、探险、定向越野、野外生存和帆船等，通常发生在偏远的荒野地区，远离交通中心。这给救援专业人员的工作带来了额外的困难。例如，在溶洞内，手机信号接收可能不稳定，这可能对人们的安全造成一定的影响，增加了参与生态体育的担忧感。

虽然随着国家大开发战略的实施，基础设施建设将迅速发展，但交通和通信设施仍将在相当长的一段时间内制约生态体育的快速发展。在一些地区，交通落后成为制约该地区生态体育发展的重要因素。由于这些地区的地理位置偏僻，地形复杂多变，因此旅游区的交通系统经常存在一定程度的阻塞，限制了游客的自由进出。

总的来说，生态体育不仅在交通条件方面存在落后，基础设施整体水平也有待提高。然而，随着国家对基础设施的持续投资和改进，相信未来生态体育的发展将享受到更好的交通和通信条件，为人们提供更便捷、安全的体育体验。

（七）社会团体发挥作用不大

各地区开展的生态体育绝大多数都是各地区的体育局组织承办，很少能够看到民间的社会体育团体自发地组织一些生态体育活动。这可能与社会体育团体的经费不足、组织领导者对生态体育的重视程度、各社会团体间缺乏沟通交流等原因有关。社会团体是发展社会体育的一个重要载体，如果不能很好地利用这一载体，生态体育的发展将会有很长的一段路要走。

（八）安全管理不到位

开展生态体育很大程度上是要依赖于各种自然资源，在山上、水中等进行体育活动，特别是那些以探险为主的特殊体育旅游项目，如蹦极、漂流、空中运动等，由于其参与性强、刺激、紧张的特点，人们对这些项目的安全性也提出了较高的要求。在体系化的生态体育市场中，从业人员和基础设施的配备已经达到了比较完备的程度，相关的管理条例也已经相当全面，这些规定可以有效地监督和保障安全。

四、开发生态体育应注意的事项

（一）充分利用各种现代化传播工具加强生态体育宣传

在高科技飞速发展的现代社会，政府要合理地综合利用各种传媒和现代化的传播工具，如开通热线电话、邮箱等，将生态体育的各种信息知识全面而详实地介绍给人们。针对各地的生态体育资源，政府要做好规划，加大宣传力度，同时要介绍各种交通、天气、咨询等信息，为人们提供各种参加生态体育的满意服务。通过生态体育带动地区经济及其他相关产业如服务业、交通运输业、建筑业等的发展，提高地域知名度，增加就业机会，稳定社会秩序，提高人们对可持续发展的认识，促进生态体育的快速健康发展。

（二）以生态学原理制定生态体育发展规划

以维护生态平衡、维持良好的生态环境为主旨，制定生态体育发展规划。要考虑生态环境的承受能力，控制生态容量，按功能区域、生态体育资源特点合理开发生态体育项目，建立生态体育项目环境评价指标体系，同时对一些影响资源环境或不能产生经济效益且通过补救措施不能补救的项目应中止。生态体育资源的质量在很大程度上取决于它本身的独特性，它是对人们产生吸引的根本所在。利用 SWOT 理论，即优势 S（Strength）、弱势 W（Weakness）、机遇 O（opportunity）、威胁 T（Threat）四个因素，对生态体育资源进行简明、清晰、全面、准确地分析判断，形成具有特色的生态体育品牌，如在沿海地区，着重开发帆船、沙排、沙滩足球、水球等具有浓郁地域特色的"3S"生态体育活动。

（三）坚持生态体育的可持续发展

为了推动生态体育的进一步发展，首先，要对生态系统进行监管。为了确保生态环境的可持续发展，我们需要对生态质量中存在的问题做好统一的管理和规划。持续推进生态体育的深入发展，是我们必须坚定不移追求的目标；其次，对于相关生态环境中存在的污染等问题进行逐一处理，如水污染对于污染的源头进行彻底的整改，对污染水域进行治理；最后，对相关人员进行有关的教育，使其重视生态环境，对于在相关的地方可以采用罚金等有关措施。

（四）培养生态体育专业人才

随着现代健身观念的日益普及，人们在运动过程中不仅希望达到放松心情的效果，更是渴望拥有强健体魄的方法。因此，人们期望生态体育能够以多种方式达到锻炼身体的效果，以达到在娱乐中学习、在旅游中锻炼的目的。为了充分发挥生态体育的效果，我们需要培养一些类型多样的运动人才。在省内高校尤其是体育院校应该加大社会体育或者是生态体育专业人才的培养力度，拓宽专业面，制定人才培养规格，调整专业结构和课程设置，以一些实用性的课程为主，加强实践性环节的教学，培育潜在的生态体育市场。

（五）加强基础设施建设及各行业间的协调统一

生态体育的推广离不开基础设施的建设与完备。如果交通条件不够便利，人们的生态体育活动就无法得到全面的覆盖，因此在抵达目的地之后，还需要满足人们的衣食住行等全方位的需要。生态体育与其他体育项目一样也需要有一个良好的环境来提供场地和器材，而这一切都要依靠现代化通信设施的支撑。现代通信设施的建设和完善对于生态体育的发展至关重要，无论是资源的查询、旅游活动的宣传、网络预订等，都需要通信的支撑。在那些拥有完善的交通通信、水电住宿、安全条件等基础设施的地区，生态体育会吸引更为丰富的客源。因此，公共事业如通信、交通、电力、水利等，必须与生态体育的发展处于一个和谐发展的状态。除了加强各社会团体在生态体育中起到的积极作用之外，还需要强化对体育团体的组织和管理，积极构建多元化的基层群众生态体育组织网络，明确物质的保障内容，以促进生态体育的发展。

（六）加强安全管理

影响生态体育参与度的因素之一，是生态体育的安全问题。为了确保生态体育的基础设施得到保证，我们必须做好生态体育基础设施的检查工作，并制定相应的标准，以保障健身者的人身安全。同时，我们需要对生态体育的从业者提出一定的要求，以确保参与者在参与生态体育过程中的人身安全。此外，还需要完善相应的法律法规，达到有效监督的目的。

作为社会环境中应运而生的体育模式，生态体育能够符合时代发展的具体方向，也凸显了建设生态文明的呼声。生态体育并非凭空产生，其具有较为深厚的传统体育文化基础，是前工业时代体育文明的有效集合，因此，我们如何做好自然和文化的资源配置工作，以促进生态体育的有序发展，是我们必须面对的重要挑战。

第二节　学校生态体育的理论及构想

人类作为教育活动的主体和客体，其在知识上的进步和教育的快速发展存

在着十分密切的关系。教育与环境之间存在着一种相互作用、相互影响的关系，教育的产生、发展和消亡也必然受一定社会政治、经济等因素制约。学校教育作为一种社会现象，它的生存与发展同样需要良好的环境条件作保证。学校体育的发展过程也就必须在一定的生态环境中实现。学校体育所处的生态环境是一个十分多元和多维的空间，它以学校体育为核心。通过对学校体育生态环境的综合分析，我们可以深入探究各种生态环境与学校体育之间的相互作用，同时综合考虑物质和精神环境对学校体育发展的影响，以不断提高学校体育教育的效益。学校体育作为一个复杂的有机整体，其内部各要素之间必然具有一定的相互作用和相互依存性，即它们在不同程度上都受到了外部环境的调节和制约。学校体育的生态环境是一个十分复杂的生态系统。在这一复杂生态系统中，既存在着有利的一面，也存在着不利的一面。因此，对于学校体育生态中的各种现象和问题，必须从系统的角度进行深入研究。

一、学校体育生态化的意义

1. 提高学校教育生态文明档次

我国"绿色学校"的评定是推进学校教育生态文明建设的重要环节，学校教育的环境建设、教育目标、课程设计和教育评价等方面，必须遵循生态学方面的标准和要求，从而推动体育课程和学校体育活动的生态化方向发展。作为学校教育中的一门培养全面发展人才的重要学科，学校生态体育生态化建设是"生态学校"建设的重要组成部分。学校体育无论其自然生态系统还是社会生态系统和体育手段系统，都蕴含着丰富的生态环境教育因素。学校体育和"生态学校"建设相辅相成、互相促进，是构成生态文明的重要力量，同时也是推进学校教育生态文明建设的重要措施。

2. 为全民健身培养合格的体育主体

现代社会高度发达的物质生活、紧张的工作节奏对体育提出了比增强体质更高的要求，以人为本、追求健康、与自然融为一体、和谐发展将成为未来大众体育的主旋律。这是一种富含生态体育观的大众体育，它着重强调要亲近自然、回归自然、热爱自然，认为体育运动只有在良好的环境中进行才能发挥其真正的价值，才能为人类创造积极向上的健康生活。随着现代生活节奏的加快、工作压力的增大、生存空间的缩小，许多人开始把兴趣转移到富于挑战的拓展

性和竞技性生态体育项目上，参与这一群体的人数也变得越来越多。由于这些项目都是在自然环境和人文地理环境中进行的，如果学生在校期间能比较好地了解掌握生态体育文明的有关知识和技能，能在学校体育教育过程中展现相应的能力和方法，能在情感上尊重自然、关心自然、热爱自然，让学生在与自然互动的过程中汲取智慧和灵感，领略自然之美，培养与自然和谐共处的能力，形成对待自然生态的正确态度，这可以使学生毕业后能比较好地实现体育、人和环境之间的和谐统一，为全民健身事业的健康发展培养合格的体育主体。

3. 缓解各级各类学校体育场地器材紧张局面

2001 年实施的新课程标准开拓了体育课程资源，将自然地理资源也列入了体育课程资源的范围内，这对于扩大体育课程内容、降低场地器材的短缺给体育课程的开设带来的压力具有积极的意义。但是从有关调查材料看，各级各类学校充分利用自然环境进行体育活动的比例却少之又少，而学生喜欢在自然环境中进行体育活动的比例却非常高。这表明我们对自然地理环境资源的开发利用尚未完全起步。

4. 顺应全球教育改革发展趋势

21 世纪的生态主义思想已经渗透到社会的各个方面，生态主义课程观是随着生态主义思想的发展而产生的。生态主义课程观以生态主义的世界观、价值观、认识论和方法论为基石，并展开这一领域的认知、思考和解释，然后进行课程理论的研究活动。生态主义课程不再局限于书本上的知识，而是能够超越学科的限制，回归到人类发展的本源，将自然、社会和人作为课程的根本研究点。作为我国基础教育的重要内容，学校体育在课程的规划和设计方面不断创新，符合课程观的综合需求，是顺应全球教育改革发展趋势的。

二、学校生态体育理论

中共中央在十七大报告中明确提出并确立建设生态文明为"实现全面建成小康社会奋斗目标的新要求"之一。建设生态文明是一项长期的系统工程，不仅要通过教育增进人们生态知识，加强环境保护意识，提高生态文明教育水平，而且要用生态文明的观点重塑现代体育——生态体育，通过体育增进人、自然和社会的和谐。作为学校教育的重要组成部分，学校体育担负起为体育生态文明培养合格的社会公民的义务和重任。为了实现社会生态化的目的，我们需要

建立一个全新的生态体育体系，而这个体系的实现关键在于学校体育是否能够达到生态化的效果。学校体育的生态化目标在于培养受教育者从小就在学校体育教育的影响下，掌握人、社会、体育和自然协调发展的多种知识、技能和行为规范以及态度和价值观，以促进人类社会通过体育获得可持续发展的动力。为了达到学校体育生态化的目的，我们需要探索多种多样的途径，以确保生态系统的健康发展。体育课程作为生态信息传播和环境意识培养的主要路径和方法，具有不可替代的重要作用。因此，构建体育和课程的生态系统必将是实现学校体育生态化的主要途径。

从目前体育与课程看，各级各类体育与课程不论是在人工自然下还是在天然自然下进行的体育运动，从课程计划（目标和内容）、实施以至评价，体育课程的生态化的程度很低。利用天然自然环境开展的课程内容，虽然深受学生欢迎，但相对于未来丰富的生态体育项目过于单一，而且教材并不注重为学生提供生态体育知识，以致其无法为学生提供应对各类生态体育资源时的生态体育知识、行为方式。

三、学校生态体育的构想

（一）学校体育的生态目标

1. 学校体育与课程目标的生态化状况

在体育课程的实施过程中，体育课程目标起到了引领的作用。它作为体育课程设计和评价的主要标准，连接着培养目标和教学目标的具体实施，具有至关重要的地位。我国的体育课程标准的目标是按照"课程目标—领域目标—水平目标"的目标层次体系建立的。在体育课程目标下有五个平行的学习领域目标：第一，积极参与运动的基础目标；第二，掌握运动技能的目标；第三，致力于维护身体健康的目标；第四，确立心理健康的终极目标；第五，社会适应目标。其中，"身体健康""心理健康"和"社会健康"是体育课程在多维健康观下追求的终极目标，在实现这些目标之前，需要确定其"运动参与"领域目标、"运动技能"目标。"身体健康"和"心理健康"目标体现了国家对学生自身和谐发展的基本要求，而国家和社会对学生人际关系的健康发展也提出了一定的要求，这一要求体现在"社会健康"的目标中。

如果从生态主义课程观的理念出发，我们的课程目标应当致力于促进人类在多方面的综合发展，强调实现各种类型的统一，从而实现个体与社会需要的辩证统一性。

我国现行的体育课程标准注重了人与社会、自身的和谐发展，但比较缺乏的是如何使人和自然和谐相处以求共同发展的理念，并没有充分体现出生态主义课程的核心价值观。主要表现在以下两个方面：第一，对自然环境有所涉猎，已经体现出回归自然、回归学生主体的生态体育的特点，如在《体育与健康标准》学习领域目标中，从水平四到水平六都有"获得野外活动的基本技能"水平目标。但是这些目标都统一在运动技能学习领域里，是以掌握野外活动的运动技能为切入点，最终落实在增进学生身体健康、心理健康和社会适应这三个方面的统一，重视了自我、社会和文化的发展需要，却忽略了自然在人类文明进步中的价值，对于学生和自然之间和谐发展的关系，我们未能给予足够的关注和培养；第二，生态主义的体育课程观所强调的是人类个人的价值、自然、社会、自我的整体和谐，是相互之间的动态和谐，不仅要强调如何利用自然环境来使人和谐发展，还要强调如何在体育运动中保护自然，这样才是全面的、完整意义上的生态体育。义务教育阶段的体育课程标准，只是在身体健康领域中提出了"懂得环境对健康的影响和运动对环境卫生的要求"，运动中如何保护自然都没有涉及。

因此，目标建设方面的不足不能够保证学生和自然、社会的和谐共处，我们需要努力填补目标建设方面的空缺，以便从中汲取力量、增长，从而促进个人的全面发展。中国和国外发达国家在体育课程目标中重视人与自然的和谐发展有一定差距，这一状况在我国体育课程标准中也是如此。所以，在我国现行的体育与课程标准三个健康领域目标的基础上追加与自然和谐共处的目标——"自然和谐"这一领域目标，将成为生态主义课程观真正进入我国体育与课程的重要标志，对我国生态体育文明的建设具有重要意义。

2. **体育课程目标中自然环境的界定以及重点**

在体育课程标准中，学校体育的自然环境已经不再仅仅限于学校里的建筑、场地场馆、器材设备、地理环境因素等人工自然环境中，而是扩大到了学校外的人工自然和天然自然环境中，学校外的山林、水体、溶洞等天然自然资源都可以成为体育课程的重要自然环境。

目前，大众体育中开展的体育项目主要是在人工自然环境中开展的。因此，帮助学生学会在进行体育锻炼时如何与人工自然和谐相处，利用人工自然环境实现学校体育目标，在体育运动中保护人工自然环境应该是学校生态体育生态化的重要目标。另外，从未来大众体育的发展趋势来看，走出人工自然环境，到天然自然环境中进行体育锻炼将逐步成为人们的首选，学会体育活动时如何与天然自然环境和谐相处也是体育课程应考虑的。

因此，学校生态体育的主要目的不仅要使学生在体育运动中和人与自然和谐相处，而且还要和天然自然和谐相处。

3. 体育与课程目标的层次和内容

根据体育与健康新课程标准的目标层次方法，我们可以确保课程目标中充分体现对"自然和谐"的要求。课程目标作为第一层次的目标，应该在情感态度和价值观、过程与方法以及知识与技能三个方面来构建，以整体要求学生在与自然和谐相处方面做到更好。在第二层次的学习领域目标中，我们需要在前五个平行排列的目标基础上增加"自然和谐"的目标，并对其进行细化。这意味着我们要更具体地关注并教育学生如何与自然和谐相处，培养他们对自然的情感态度和价值观，以及学习适应自然环境的过程与方法。第三层次是在"自然和谐"学习领域目标的基础上，根据学生各年龄段的特点，提出具体的"自然健康"水平目标。这使得我们能够根据不同年级的学生，制定更具体、可操作的目标，确保他们在体育课程中能够在自然环境中保持健康，获得自然的益处。

目前，各级各类学校的体育课程内容的选择也是根据社会和学生的实际情况进行选择的，这些项目对满足学生现阶段的身心发展以及未来的需要都有比较高的价值，是现阶段大众体育的主力项目，应予以保留。但是这些运动项目大部分是集中在人工自然环境中进行的，这些自然环境因素变化小，比较单一，虽然能满足人与社会自身发展和谐的要求，但不能充分满足生态主义课程观中提出的人与自然和谐发展的更高要求。对此，我们补救的办法就是在相应的体育课程内容中增加有关在运用该项目时人与自然和谐相处的知识和技能，并通过有关过程与方法，培养学生在运用该项目时的态度、情感。

从各级各类体育课程教材来看，目前对于利用天然自然资源和人工自然资源开展的课程内容存在一定的不足。小学阶段没有相应的内容，初中和高中的

教材中涉及游泳以及少量的定向越野和登山等项目。大学阶段也涵盖了类似的课程内容。然而，尽管这些内容受到学生的欢迎，但相对于未来丰富多样的大众生态体育项目而言，它们显得过于单一。此外，教材在提供生态体育知识方面的重要性并未得到充分重视，从而未能为学生提供应对各类生态体育资源时所需的生态体育知识和行为方式。因此，我们建议根据各地天然自然环境的特点，充分开发和利用各地天然环境中典型的体育运动项目。例如，在体育课程中增加与自然生态体育相关的内容，包括在陆地上的温泉、河流和湖泊等体育活动，以及在山岳生态环境中（如自然保护区、山岳冰川、风景名胜区和森林公园）进行的体育活动。通过学习和实践本地区的生态体育项目，学生可以学会保护本地生态环境的方法，从而丰富各级各类学校的生态体育内容。这样的做法将唤起学生对于生态环境的保护意识，并培养对保护生态的良好行为的热爱和崇敬，进而更好地激发学生保护生态环境的决心。

（二）学校生态体育实施的构想

为了实现生态化的体育课程目标，把生态化的体育课程方案付诸体育教育实践，并在其现实基础上，通过协调影响体育课程实施的各种因素关系，平衡体育课程实施的理想状态和现实状态，从而创造出一种全新的体育课程教学文化，就是生态化体育课程的实施过程。从以上概念可以看出，生态化的体育课程方案在实施过程中是受很多因素影响的，这些因素直接关系到生态化体育课程目标实现的程度。因此，在实施过程中落实以下要素是体育课程生态化实施的关键。

1. 充分依靠全体参与者的共同协作

人是课程实施的最重要因素。作为体育课程实施的领导者应该深入学习和理解体育课程生态化的意义、价值等相关理念，深刻领会体育课程生态化的相关内容，充分认识到将体育课程生态化所能够起到的作用，害怕克服所谓的"安全问题"而拒绝将丰富多彩的生态体育项目引入到学校体育中来的消极保守观念，大力支持学校生态体育的实施，创设良好、和谐的工作关系和氛围。体育教师是实施生态体育的主力军，他们的积极参与是最重要的实施要素。各地有关教育和体育管理部门应举行有关生态体育的理论培训，使体育教师尽快构建新型、先进的体育课程观，掌握先进的生态体育知识、内容以及教学方法和手

段，提高实施生态体育的教学能力，为高质量地实施生态体育打下坚实的基础。利用生态体育资源进行生态体育文明教育，还需要各级政府和社会有关部门从政策、经费方面进行全力的支持。各地的生态体育资源应该定期、无偿向学校开放，配合学校进行课程教育，使利用生态体育资源进行生态体育文明教育落到实处。

2. 采用合理的教学模式

在学校里人工自然环境中进行的体育运动项目，它们的生态化课程目标、内容的实施主要应贯穿在平时体育课中进行，将这些运动项目中蕴含的生态文明教育内容通过传统的教学模式传授给学生。如在篮球教学中，在传授技术、发展学生身体素质的同时，应增加有关篮球项目锻炼时的生态体育文明知识，通过培养学生对自然的热爱和自觉维护生态环境的良好习惯，使其在日常的运动锻炼过程中严格要求自己的行为。在学校外的天然自然环境中进行的体育运动项目，由于离校比较远的缘故，各级各类学校的生态化课程目标、内容的实施均可以采用上述模式进行。当然，以上两种环境下的生态体育的实施，除了采用以上模式外，也可以采用对比教学模式，即采用带领学生分别在优美环境和比较恶劣的环境中进行体育锻炼，让学生更深刻地感受到绿色、安全、卫生的生态体育环境的重要意义。

3. 制定体育课程规章制度，维护体育运动的环境

学生在参加体育课和课外活动时，必须遵守一系列行为规范，包括禁止穿着不符合运动要求的服装上体育课，禁止随地吐痰，自觉保护场区的卫生，以及将喝完的饮料瓶妥善地放置在指定的位置等。在野外活动中，必须遵守相关的制度和准则，恰当处理垃圾、爱护花草树木、保护野生动物。在校园的运动场所，应当设置提醒和警示标志，以确保运动过程的安全。

4. 建设学校内生态型的自然环境

为了促进生态体育的发展和培养学生的环境保护意识和行为，我们可以采取以下具体措施：1. 充分利用学校的自然环境，提供合适的运动场地，提高场地的利用率。2. 在新建运动场地时，有计划地进行绿化和美化，创造一个宜人的环境。3. 更新运动设施和器材，选择可降解、可循环和无污染的绿色体育材料，减少对环境的影响。4. 设立垃圾回收站，鼓励学生正确分类和处理垃圾。5. 定期维护运动场地的卫生，确保清洁整洁。6. 采取措施减少尘土

的生成，例如适度浇水和增加防尘措施等。7. 在体育教育中，尽可能采用节能排污和循环利用的方法。教师和学生能够共同参与废物利用，例如制造体育用具，以体验体育资源的循环利用过程。这样可以培养学生的环保意识和实践能力。通过这些措施，学生不仅可以获得生态体育所需的知识、技能、情感和态度，同时也为学校环境的可持续发展做出贡献。

（三）学校生态体育评价的构想

对体育教育信息全面的处理和分析是体育课程评价的基础，我们可以使用特定的方法和途径，评估体育课程的结果、活动和计划。

学校生态体育的评价指标体系可以从目标、内容、方法和手段多个角度进行，关键是要紧紧围绕生态化的体育课程目标。

第三节　城市生态体育的构建及应用

一、城市生态体育的内涵

现代体育的持续发展离不开生态环境发挥的基础作用，英国的户外运动发展就以生态环境的发展作为源泉。不当的体育发展不仅破坏了自然环境和人类之间的关系，也破坏了人与人之间的良好互助关系。特别是在城市的发展过程中，随着历史的演进和环境的变迁，现代体育面临着巨大的挑战，尤其是在举办奥运会的时候显得尤为突出。奥运会体现了人类的文明发展，促进了世界和谐，但是与此同时也破坏了大自然。随着奥运会的结束，许多场地和设备设施没有得到利用，造成了浪费。在第十六届法国阿尔贝维尔的冬季奥运会上，二十多公顷的森林受到了污染或者是损毁，引发了严重的生态危机，直到今天回想起来好像才刚刚发生过一样。很多国家和地区为了建造体育场和大型比赛用的体育馆或者是高尔夫球场以及滑雪场等等，大片植被被破坏，对自然环境造成了很严重的后果。虽然现在出现了一些封闭式的体育馆和人工草坪、运动场所，但是却与体育本质要求的完善人性、回归自然背道而驰。人们为了体育运动而破坏生态环境和自然资源已经严重地破坏了生态的和谐，这是我们必须要

面对的现实问题。

城市生态体育的宗旨在于促进人类运动与生态环境的和谐共存，实现人类体育活动中的体育与环境相互协调、共同发展。在体育的领域中主要从生态学的理念与手段两方面进行研究，自然生态环境和社会环境的相互作用是非常重要的。生态体育的概念说明生态体育中的"生态"范围更大，是一种语意和哲学的结合体，旨在从深层次的角度解释生态体育的现状。

二、城市生态体育的构建

自工业革命后，社会生产力得到了快速发展，人们的思维方式也发生了一定的变化，人类开始想要改变自然，成为大自然的主宰者。特别是在 20 世纪，科学技术飞速进步，人类社会积累了大量的财富，但同时也将许多工业废物排放到了自然界中，这些废物对自然界造成了极为严重的破坏，从而导致了人与自然的对立问题。在这样一种情况下，生态文明问题开始走入人类的视野。1962年，卡逊的《寂静的春天》首次以自然环境问题的严重性为切入点，向全球发出了警示。卡逊的这一著作开启了"生态学时代"，从此人类开始重视对自然的保护。随着生态理论几十年的发展和生态运动的实践，绿色生态意识逐渐成为许多国家的共识，并纳入了全球化的意识之中。人们已经达成了共识，认为在生态运动中实现可持续发展的目标是十分重要的。生态运动的核心就是实现人类与自然的和谐统一。当人们进行生态体育运动时，他们渴望在大自然的环境中获得新的感受。生态体育运动中的生态系统是指在大自然环境中进行的体育活动，即以"浅层生态"为主题的体育活动。

在经历了生态运动的具体实践之后，人们深刻认识到，人们所面临的生态危机实际上是一种文化上的危机。造成生态危机的原因是多方面的，如思想观念陈旧，社会政治、经济和文化体系不合理。

（一）影响城市生态体育形成和发展的主要因素

1. 城市居民的生态体育意识比较淡薄

所有与体育相关的个人和组织都是体育的主体。其中个体是指体育的参与者、体育老师、教练、体育馆的工作人员等等。组织是指所有与体育相关联的组织，如体育机构、企事业单位、体育政府和社团等（包含国内和国外的体育

相关的组织）。在体育活动中，体育组织和机构扮演着维护生态平衡和环境保护的重要角色。虽然人们的环境意识与生态观念随着社会的发展正逐渐提升，但是目前来说还是比较单薄的，许多人认为生态体育就是在大自然环境中开展的体育活动。

生态体育并不存在于城市之中。尽管生态体育非常看重自然生态因子和地理环境的内容，但自然环境只是生态体育发展的其中一个因素。若缺乏体育主体的内在生态意识和思维，人类活动（包括体育）将会破坏自然界的环境。正因如此，人们的意识才开始变化，很多人认为在自然环境中开展的体育活动才属于生态体育。只有将生态意识和生态思维起来，共同作用于体育主体中，才能减小体育运动对生态环境的破坏，才能够让生态体育得以发展，从而使体育与文化和生存环境相协调，达到共存。

2. 城市生态体育和竞技体育的相互对立

儒家的文化发源地其实是河南省，河南的文化底蕴相当深厚，但是儒家并不提倡竞争，其精髓在于讲求"中庸"。正因如此，很多体育热爱者认为生态体育实际上是借助各种自然环境进行体育运动的，并不是以局限的形式进行体育活动的。他们认为只有这样进行体育运动才是人类所追求的体育过程，这种体育的主要特点就是自然、娱乐和直率，但缺少了体育竞争性和对抗性。虽然河南人提倡"中庸"，但是他们的性格却是彪悍的，敢于竞争和拼搏，比如说河南的鲁能队，他们在足球场上的表现就充分地体现了这一点。还有一部分个人性质的体育项目，例如野外生存、蹦极、野营等等都是属于挑战自我的体育项目，主要是挑战自然与生存，进而完成对自己的超越。在城市中的生态体育，人们提倡走进大自然，以自然为基础进行娱乐性和体育性质的竞争，并将其更好地融合在一起。

3. 城市生态体育和科技支持的相互对立

许多人主张，"生态体育"开展的核心是自然界。在大自然的生态系统中，我们可以根据生物发展的客观规律性，实施一些体育活动。生态体育的理念以自然为基础，无需借助先进的科学与技术。生态体育的关键特征是人与自然和谐共生，为了达到这一目的，可以将体育与技术相结合，实现体育与科技的和谐发展，使得生态体育的开展效果得到保证。

4. 城市居民的生态体育活动方式受到限制

在繁忙的城市中，大多数居民的生活、工作环境和作息时间受到限制，没有办法直接借助自然环境进行类似于漂流、野营以及登山等等的体育运动。正因为如此，城市居民就根据有限的自然生态环境和人工环境进行改造，进而实现体育活动与生态环境的协调发展，表达人们对大自然的关心与爱护。同时，也为城市创造一个良好的生存环境，促进人与自然的和谐相处，让人与自然环境达到高度统一的状态。现代社会正在努力实现健康、文明、和谐的生活理念，促进人与自然和谐共生。借助筹备第十一届全运会的契机，山东省济南市成功促进了健身项目的建设，同时改善了市区的体育基础设施，为该市的体育事业发展注入了新的活力。

（二）城市生态体育的价值目标

城市生态体育的价值目标在于为民众树立一个"生态文明观"，这一目标的实现需要借助生态体育运动的开展。生态文明观是一种全新的文明观，这一文明观的形成源于对自然问题的深刻反省，预示着现代文明的蓬勃发展以及对工业文明的积极借鉴，运用生态环境的自然规律和原理作为基础，从而做到人与自然、经济发展和社会发展各个层面的关系的协调处理。

随着人类社会的快速发展，现代体育活动作为人类社会中的特有文化现象，一直伴随着人类社会的发展而发展，对人类社会的协调全面发展起到了积极的作用。然而，现代体育运动作为西方工业文明的一部分，不可避免地受到了工业文明的影响和污染，这使得现代体育在社会的多个层面都面临着严峻的挑战，这些挑战对现代体育的可持续发展之路造成了影响。在生态文明观的引领下，生态体育能够将科学精神和人文精神融合在一起，实现人与自然、人与区域的和谐发展目标。

（三）构建城市生态体育模式的规则

为了提高城市居民在生态体育方面的发展成果，必须在发展的过程中遵循可持续发展的原则，加强对市场的全面引导，以达到整体优化的重要原则。

在推进城市生态体育发展时，必须确保城市内部生态体育发展和城市文化效益、生态环境的协调和统一，从而成为可持续发展的良性循环。在城市生态

体育的模式上应该多以可持续发展为原则，积极探索创新的体育项目，确保所开发的体育项目能够长期稳定地发展。

对于城市的生态体育发展，我们必须给予足够的关注和重视，将其视为一项至关重要的项目进行协调管理，对其内部的组成部分和各类活动的资源以及各项要素进行统筹和安排，需要进行全面的要素统筹和安排，使得体育项目的开发能够符合不同城市在环境发展方面的协调要求。另外，在管理过程中需要综合考虑宏观和微观两个层面的相互作用，以达到最佳的平衡效果，不但要保障交通运输、园林风景和农林业不受损害和干扰，同时又能与城市的体育资源开发的数量质量、项目选取和目标消费者等各方面达到最佳的使用价值。

在保证环境资源充足的基础上，城市生态体育的开发应按照需求进行分配，进行准确和细致化的市场客源的锁定，从而进行评价筛选和开发城市人民的生态资源，根据市场需求设计制作出符合大众的生态体育产品，通过推动产品的市场化发展，帮助产品在市场中起到引导和开拓作用，促进产品的进一步壮大。当然，某一个城市所拥有的生态体育资源必须和整个区域的生态体育资源相协调，才能够共同构成生态体育发展的体系。因此，在人力资源、市场推广和管理经验方面，我们可以通过多种方式实现快速发展。比如，在北京举办奥运会的机遇下，青岛成功实现了城市生态和旅游业的协同发展，从而将原本个别城市的参与转变为十几个城市的共同参与。

在城市生态体育项目的规划和实施过程中，必须确保广大民众积极参与其中，不但要促进他们的身体健康，还需要让他们体会到城市生态体育的文化，并在体育活动中让人们逐渐地树立生态体育的理念，从而积极地进行推广。

（四）城市生态体育模式的特色

根据城市生态体育模式的构建原则，在开展城市生态体育要实现体育、文化和城市三者之间的相互协调与共同发展，就是通过城市生态环境中进行体育运动，展示出人们的健康体魄和魅力的人格，从而体现人们在生态体育活动中与自然环境、社会环境、生态环境的关爱，提倡健康、文明、和谐的生活方式，同时实现城市生态体育模式的和谐发展与推进的作用。

1. 城市生态体育模式的整体特色

城市大众生态体育模式的整体性指的是城市生态体育模式中的要素之间

的相互影响与相互制约而组成的"整体大于部分之和"的特征，并不是所有要素的总和。城市生态体育系统中的每个要素都有着不一样的特殊作用，但又都是不可或缺的重要的组成部分。这是所有单独的体育设施和城市环境以及媒介传输都不会达到的"城市生态体育"，只有这三者之间的相互作用和相互联系才能使城市生态体育模式得到实现。

2. 城市生态体育模式的层次性

城市生态体育模式的层次性体现在城市生态系统中，按照系统的组成部分所发挥的作用的大小等，将其划分为不同的等级或者分为层次不同的子系统。当然城市生态体育系统组成的层次性也包含了其功能的层次关系，不同的子系统的层次功能是不一样的，这点充分体现了城市生态体育系统的组成结构和功能的细致性。其次，层次的多样性也充分体现了其协调性，层次的作用是把它们自己各部分的行为结合成齐心合力的一种行为，然后又把这种努力同更高一个层次的系统内其他组成部分的行为结合在一起。

3. 城市生态体育模式的动态稳定性

城市生态体育模式的动态性主要指城市生态体育系统的变化性的发展。由于社会、经济、文化等发展因素，城市生态体育的层次也发生了相应的变化，从曾经的被动参与逐渐转变成主动参与，由室外走进室内，在室内创造出与室外相似的活动发展方向。人们在运动的选择上也发生了基础性的变化，这种生态体育运动需求的转变，必然会引起城市体育资源的开发和重新的构建。当然城市生态体育的活动也表现出了其稳定性。随着我国政治、经济、文化的快速发展，每个阶层的人对体育的关注度都是迅速增加的。我国体育事业的发展和改造城市生态体育的运动环境已经成为党和政府提高全民身体素质和个人精神的一项非常重要的指导性目标。随着人口的连年递增，体育运动已经成为人们生活中必不可少的组成部分。

三、城市生态体育的应用

（一）城市生态体育应用观

体育运动一直处于进步的状态，从以健康为目的到以生态系统为宗旨，从这种变化可以发现，并不只是形式上的转变，而是体育价值观和发展观的改变。

体育运动不只是健身、娱乐和教育等商业化的体育，同时也为全国乃至世界的自然环境和社会文化环境做出了特有的贡献，具有以自然为基础、人类为本的进行推动可持续发展的体育活动的独特品质。

生态文明的内涵之一即城市生态体育，人们通过城市生态体育，可以促进人们之间的相互尊重和理解不同的文化差异，尊重各国家、民族甚至是区域的传统文化，保持体育活动的多样性，让体育文化的多样性和跨区域性文化得到实现。城市生态体育还可以促进世界各民族之间的相互了解和团结，让体育为社会更好地发展而服务，从而维护人们的尊严，促进社会和平而有序的发展和建立。通过城市生态体育，用现有的生态系统培养各国民众，形成合理运用自然环境与资源并提高体育竞赛的资源利用效率，将人们的生态意识和思维以及生态文化融入到 21 世纪的生态体育运动精神中去；通过城市生态体育，全面消除体育运动的性别歧视，同时鼓励并增加妇女和青少年的体育运动，推进老年人以及残疾人的体育运动，鼓励社会各界人士参与体育运动，实现体育的权利；通过城市生态体育，推进以体育运动为引导的国际技术和文化领域的相互合作和工业社会向生态社会的完美转型；通过生态体育，提高人们的生理和心理素质，并完善社会的生态文明建设。加速城市生活环境的改善与生态资产积累甚至是促进区域生态服务功能的加强，从而激励产业城乡之间生态的转型，维持社会的可持续发展能力的培养。

（二）城市生态体育的不同应用

1. 生态体育场地的规划

地方政府对休闲场所的生态运动规划，合理地布局城市、学校、小区以及街道等地的体育活动的区域，给城市的居民提供了更多的绿色的户外活动空间，并实现了全民健身的社会化和网络化。第一，城市中的综合性运动场所和大型运动会的举办场所，需要从生态环境的角度进行科学、合理地安排，从而减少大型运动会给生态环境系统带来的大量的破坏，在建设新的运动、比赛场地的时候必须要符合生态系统的要求。而后期的使用要求要以平衡体育活动的需求和生态环境之间的矛盾为前提，即在济南举行的第十一届全运会筹备工作就是根据这样的原则开展工作实施的；第二，以小型、多样、便民的活动为主要出发点，建设生态运动的场地以及社区和街道的生态体育运动中心和场所，

在城郊接合部建设生态体育运动中心、文化村等；第三，将重点放在体育生态技术和产品的开发以及应用上，增加对科技方面的投入，并研制、开发生态型的运动器材以及运动产品，从而减少这些器材对场地以及人员的伤害和对环境的污染，并降低运动时产生的各种噪音，提高生态体育运动器材的循环使用率。

2. 生态体育活动体系的建设

第一，将城市中未能开展的生态体育活动归结到社区体育文化建设的内容中去，从而有计划的开展生态体育活动的建设，比如市、区、社区、街道等进行定期的生态体育活动、体育节、登山、竞赛、表演等；第二，在不同的片区设置不同的活动站点，并经常组织活动，从而评选先进，推广经验，让更多的人参与社会体育活动中来。建立社区生态体育活动的指导、咨询中心（站），建造社会化的全民体育网络，进而完善国民体质监测系统；第三，积极的组织群众参加生态体育活动的环境建设和社区的生态体育活动。比如，可以在节假日的时候组织去郊外郊游，一起登山、漂流等运动；第四，尽量选择需要运动场地和器材不多的活动项目。比如，广场舞、太极、跑步等项目进行运动，这些项目不但可以使自身得到锻炼，还不会破坏身边的生态环境。

3. 建立体育活动的生态规范

从人们生活的角度讲，城市生态体育建立了适合城市和社区发展的生态体育项目，并建立规范和法规体系，这样不但能够保障体育活动的制度化、规范化，更能促进人们生活质量的提高。建立一些相关的生态体育活动的管理办法，例如生态体育管理条例，生态体育资源管理办法，同时提高政府的监管、评估和检查，并将生态体育活动开展实施的最终效果列入政府工作的考核之中；将生态体育活动的规范列入《市民公约》，让每个人都能争做城市的文明市民；在各地区的公共活动场所设置人性化的警示牌和醒目的标语，使城市的生态体育活动进入法治化时代，并将此意识深深地刻在人们的思想之中。

第四节　农村生态体育的构建及应用

生态体育，就是指人类、体育、环境相互协调、共生共荣、共同发展所构建的关系或联系的活动，即在自然生态环境和社会生态环境中开展的体育运

动。生态体育根据其性质，可分为自然生态和人文生态两大类。生态体育由于其普遍性、灵活性、娱乐休闲性和健身性的特点，在满足越来越多的人将自身融于自然环境中，实现人与自然的和谐统一，享受大自然的熏陶，在大自然中放松自我，寻找自我，在"绿色环境"中体会体育的最初含义。如何开发新型农民自身的生态，将自身重新融入农村大自然环境中，返还农民生物本性，将是新型农民追求纯真与自然的美好愿望。

在广大的农村，体育资源环境落后是一个渐进的、长期的问题，是制约农民体育发展的瓶颈。在现阶段农村体育资源环境非常匮乏的情况下，要想构建生态体育模式，我们可以从农村的生态环境和它隐藏在生态体育人文资源信息方面开展，建立农村生态体育成长形式，能够推进农村自然环境形成一个好的轮回，有利于对水资源的维护和对水资源浑浊的管理，同时还可以维护大气环境和土壤地貌，能够完全发挥和施展传统性、风俗性、才能本领性的农村生态体育的核心，从而填补体育场所器材缺乏的情况，这样的发展和我国现在农村体育发展的实际情况是相吻合的。

一、开展农村生态体育的意义

（一）生态体育推进农村生态环境的改善

众所周知，我国国民经济存有的关键是生态环境，同时生态环境也是我们人类生活的根源。虽然我国在改革开放后获得了伟大的成功，但是我们在生态环境问题上仍然还有很多的难题：农药、化肥、农膜和除草剂在农业生产上的高强度不合理使用，使耕地和地下水受到了大面积污染；植被破坏严重；畜禽养殖规模化，粪便排放量大且污染面广；乡镇企业数量增加、技术水平上升、生产条件改善、经济效益提高，使用了大部分的土地资源，同时还损耗了大部分的设施建设，各种工厂的污染也很严重，这都引起了对自然环境的影响；因为缺少最基础的排水设备和垃圾清扫管理设备，使农村的生活的脏水和垃圾大部分都不通过管理，干脆就排泄或者堆积在村庄的水沟和地面上，最后这都会导致对水资源的污染。水体、土地资源受到污染、空气质量变差，这些都对庄稼的产量有影响，不仅这样，还会引起传染病，危害村民的健康。所以，为了改善这种情况，我们要提倡和实行农村生态体育的

建设，通过构建生态体育文化改善农村的自然、人文地理环境，从而使空气更加清新，建立一个优美、和谐的生活环境，构建一个经典又具有特点的环境气氛，同时倡导人们一起努力把赖以生存的家园建设得更美好。

党的十八大明确提出，要把生态文明建设放在突出位置，努力建设美丽中国，实现中华民族永续发展。生态文明建设的难点在农村，生态文明建设的希望也在农村，没有美丽农村就没有美丽中国，建设"天蓝、地绿、水净，安居、乐业、增收"的美丽农村是实现美丽江苏乃至美丽中国的必经之路。"美丽农村"是升级版的新农村建设，应以文化为根、以农业为基、以村民为本，更加注重关注生态环境资源的有效利用，更加关注人与自然和谐相处，更加关注农业发展方式转变，更加关注农业功能多样性发展，更加关注农村可持续发展，更加关注保护和传承农业文明。建设美丽农村，是统筹城乡协调发展、同步发展，提高广大农民群众幸福感和满意度的必然选择；是整合零散的农业资源，构建现代农业产业体系，促进农业增效、农民增收的重要途径；是改善农村生态环境和人居环境，形成强大的生态、宜居、宜业、宜游的凝聚力、辐射力，建设美好幸福家园的根本举措。

（二）生态体育符合农村现在实际发展的经济状况

其实，体育开展的进度的多少是和社会经济发展状况息息相关的。现在的体育应该是人们空余时间中消遣的一种娱乐形式，要有空余时间和经济的支撑才能有体育，如果没有一笔巨大的钱财作为农村体育的支撑，那么农村体育也是无法一直发展下去的。现在，太多的理论成果都是把重心放在村民的思想认识、体育场所，还有经济状况等等的限制的原因，单单就疏忽了村民们"太阳刚出来就去劳作，太阳落山才休息"的这种生活的自然规律能带给他们足够的能量，疏忽了农村体育自身存在的特点，也疏忽了农民独有的特性。这其实就是我们对农村的现实发展情况和在农村发展的生态体育的研究还是不够透彻，我们认为城市和农村的发展可以一起进行，城市怎么进行生态体育的建设农村也可以实行同样的政策。恰恰相反，这种"非生态性"的思想和实行建设的方式正好阻碍了体育在农村的有效实施。农民因为地方的乡土风情，形成了他们自己的生活习惯，这些都会阻碍体育的发展。要想体育在农村得以有效的开展，主要是要针对农民生产劳动中生理和心理的特点而进行设计出符合他们的运

动方式，调节他们的运动。生态体育，因为它独有的娱乐特性，表达了一种自然、坦率的特征，在这种自由自由的生活状态中，力求达到娱乐的效果，吻合了农民的生活习性。因此，紧紧围绕农民的生产、生活习俗，开发出经济实惠、适合农村社会环境、适合农民自己的生态体育活动内容，具有重要的现实意义。

（三）生态体育适合农民实际生活方式

农村社会生活方式涵盖农村社会一切生活范畴，关键还是表现在生产劳作的形式、空余时间的消遣项目、经济条件等生活方式上。21 世纪，我国农民生活方式发生了巨大变化。农民在空余时间的生活方式变得多彩多样，不再是单调乏味的，每个人都有自己喜欢的项目，构造了一个文明和谐健康的农村组织。人们空余时间的生活形式从娱乐型变为享受型、从单一型转向多样型，闲暇生活的社会性也变得更加广泛。实际上，我国农民不能够实现迅速迈向城市、农民的经济状况也不可能迅速得到增长。目前我国农村社会理论研究的主要内容就是增强体育文化和农民的精神文明的建设，使农民的生活水平得以提高，同时这也是构建农村文化中最主要的内容。

（四）生态体育符合农村实际生活中的体育状况

农村体育资源的不足是一个长期存在的问题。在当前缺乏农村体育资源的情况下，我们可以充分利用和发挥农村风俗、人力资源和特色，填补场地设备的不足。这种发展方式比较适合农村的实际情况。农村体育本身就是基于农村文化土壤形成的，能够更加符合农民的文化水平，并能够依靠本地资源的支持。由于生态体育与现实生活紧密相关，因此在当前的发展中具有更大的生命力。生态体育是我国农村体育发展的动力，也是可持续发展的基础。由于历史上的民间体育活动并不对场地和设备有很大需求，活动方式也相对单一，因此我们在减轻历史遗留的压力的同时，应将自然资源的利用和挖掘成本降至最低。只有真正从农村的实际出发，考虑农民生产和劳动的实际需求，充分挖掘、开发和应用生态体育，才能推动农村体育的全面发展。

二、农村生态体育的构建

（一）民间民俗性生态体育构建

农村的风俗性的体育大部分的场所都是比较随便的，体育设施也很单一，具有娱乐性和观赏性，这点与农民的需要相符合，因为构建新农村，所以在农村也是可以有一个发展前景。因为社会状态和文化特点，所以在农村形成了一个别有风味的、民俗性的体育活动，乡间的风俗竞技游戏活动与游艺活动类型多样，"猫逮老鼠"、杠老杠、踢毽子、跳绳、打、跳房、砸"毛驴儿"投"皇上""骑马"打仗、磕拐、拾子儿、推铁环、走四棋儿、摔哇呜、扇皮将、翻绳、撅杏核、打呱儿、跳拉拉秧、拾高粱茬、弹琉璃蛋儿、藏摸互、挑冰糕棍儿、丢手绢、砸子儿、徒手拔河、跳皮筋等民俗活动特点浓厚，这些风俗活动一直活动于民间，根据生态体育的视角来看，其实乡间风俗也是一种非常好的体育活动，可以全部变成人们空余时间喜欢的体育活动方式。由于在 20 世纪90 年代以后发展的社会文化运动的影响，这些风俗竞技游戏开始受到人们的关注，而且已经有一部分游戏深深地在生活中打下基础，有的还引进了体育的课堂中。这些竞技游戏既可以传播历史悠久的文化，还可以增强体魄，同时也是农村生态体育赖以发展的最好的资源。

（二）本土性生态体育构建

"农村本土性体育"是有关对农村理念的评判和肯定，本土性体育——农村本身就存在的一种体育方式，是农民最为常见的活动。"生态体育"的开展必须要以一定的经济、自然条件等本土性生态体育资源为基础。优越的地势、地形，为开展"生态体育"打下了坚实的基础。钓鱼、划艇、帆板、游泳、赛龙舟、攀岩、登山、探险、舞龙、舞狮、放风筝、荡秋千、滚铁环、踢毽子、武术、踏青、扫墓、扭秧歌、踩高跷、摔跤等活动本土特色浓厚，得到广大农民的好评，拥有极大的群众基础和可实行性。所以，要注重农村本土性生态体育资源的开发和利用，然后对农民实行引导，让本土性体育一步步向潮流化的体育迈进，并得以更好的发展。

（三）技能性生态体育构建

技能性生态体育资源，其实就是与农村现实的情况相融合，实行因材施教，根据农民不同的生产形式的特征实行不同的对待，同时开展生产与农民生活息息相关的竞技游戏，将有关于农业才能和体育活动相结合。耕作、收割、采摘、打农药、挖树坑、插柳和植树、推车、挑担、除草、运输、施肥、灭虫、摆渡、撒网捕鱼、筑、扛运等活动形式与生产劳动紧密结合，大部分都来自于农民的劳作中，是农民非常熟悉的活动，深受农民喜爱。像河北省的农村，曾经几次运用节假日的时间为农民组织了各种各样的竞技比赛项目：自行车载重、100米轮胎等与农民自身生产劳作结合的项目，还有 50 平方米插秧，50 平方米耕种等；烟台农村地区，利用农闲时间组织农民挑水、小推车运肥、播种、果树打药等生态体育活动项目。这些简单的竞技项目不单单能够激发农民参加生态体育的热情，还可以增强农业生产的才能，有利于提升农民的劳作能力。才能性体育的实行促进了农民对体育的参加热情，指引农村体育迈向劳作才能性生态化模式的转变。

（四）农村传统文化性生态体系构建

文化资源是生态体育的发展供给精神力量和能够转变的活动形式。历史文化的发展其实在一定程度上还是受儒家思想的干扰。体育之道，是各种具体的体育活动方式的根基，是生态文化建设的基本观念。儒家的思想主要是注重自然文化、人文的功能作用，把体育当作是能够提高人精神文明的教育形式，儒家思想——在体育中能让身心得以愉悦，达到身体和内心一样健康的人格特征，这样体育的精神才可以回到最初的自然状态，能够体现人类朝气蓬勃的生命力。"天人合一"和"人—自然"一起构造了一个身体，着重的是说个体内的自觉，从而推进自然和文化生态平衡的想法。全国大部分的文化旅游资源历史悠久，文化信息浓厚而特有，一直就被当作是全国文化发达的地区。同时全省拥有很多重点保护单位，其中国家级的、省级的都有。孔子的家乡曲阜市被称作是"东方圣城"，那里有供奉孔子的庙宇、孔子的后代生活居住的地方，还有世界上最大工程历史年代最悠久的人工建造的园林，即孔子的家族墓地，也叫"三孔"，这同时也被列入世界文化遗产。这两处地方是周边城市的"山

水圣人"的旅游区。

（五）家庭、校园生态体育构建

家庭体育是指家庭成员在家庭环境中进行的体育活动，包括家长对孩子进行的体育教育、家庭成员在日常生活中的体育活动，以及将家庭体育与家人的工作和单位的体育活动结合起来。家庭体育是社会体育的重要组成部分，也是生态体育发展的必经之路。

在节假日或闲暇时间，家庭可以根据所处地方的体育资源开展适合的体育活动。例如，家庭居住在海边的可以进行沙滩项目，而山里居住的家庭可以进行越野跑步、攀岩等项目。

在农村环境下，以家庭为单位进行生态体育活动时，一些体育项目可能需要家庭成员具备一定的运动技能。例如攀岩和沙滩排球等项目，这使学校成为培养运动技能的重要场所。

21 世纪以后，学生们需要一种超越传统课堂教学的方式，能够在活动中走向大自然中学习。生态体育教学不仅满足了学生们的需求，同时也解决了学校体育场地和设施不足的问题。将生态体育与校园体育相结合，让学生能够更好地接触自然，培养良好的体育意识，并对未来生态体育的发展产生积极影响。

三、农村生态体育的应用

（一）坚持统筹规划，制定科学的生态体育实行的计划

在农村生态体育发展中，维持生态环境的动态均衡至关重要。规划和实施阶段，我们需根据实际情况科学开发，并重视生态体育资源和环境保护的具体实施方案。同时，考虑生态环境的承载能力和文化特征，合理开展生态体育，建立相应的评判标准，注重保护为主的原则。这样，我们可以在农村生态体育发展中达到良好的静态生态均衡，并确保生态环境的持续健康。

（二）发挥政府引导作用，营造有利的政策环境

有关生态体育旅游资源的维护和开发不单单是关乎体育、旅游方面的问

题，还普及到了经济、文化等问题。增强政府的主导作用还是很有必要的，构建以地方政府带头，再由下面各个有关部门组成几个小组，进行对本地区生态体育旅游的调研和治理工作。政府应当抓好文化资源开发规划的编制、审批和实施等工作。合理规划旅游线路，充分考虑交通、住宿、景点差异性和互补性因素，合理设置线路，以县城为中心，结合各村镇景点文化资源开发特色旅游，打造多种旅游品牌，以品牌创效益，以文化产业促旅游经济发展。做到生态环境保护与法律、法规建设同步进行，进行依法治理。

（三）树立新的资源观，提高农村生态体育资源开发利用水平

人与自然间沟通的介质是体育，体育可以通过改变自然环境，提升人们生活水平。不同省份应当在当今的农村生态环境日渐恶化、生活水平下降、体育设备退伍的情况下，增强对农村生态资源的组合和改革，完全运用体育和生态间合作的功能，让体育和农村生态建设结合，开发农村的"农味"资源，创造对农村生态资源保护有利的体育形式，推进体育在环境优化中的隐藏的作用，这样更有利于新农村的构建发展。

（四）增强农民生态意识，提高农民参与能力

要想建立正确的生态思想，就要正确认识人、体育、环境三者间的联系，这就要求我们在确定体育生态思想的开始，通过宣传、贴报等方式开展对农村生态体育的教育，把生态均衡的发展思想用来教育农民，让农民养成一种生态环境保护的意识，使农民可以意识到体育在建设农村发展中的重要作用，让农村体育与旅游发展紧密结合，完成新农村体育的一直发展。激励农民参加融资、创业，帮助农民可以更好的运用自己本土的旅游资源，在开发旅游资源的同时保护好自己家乡的文化资源，完善生态环境建设，以达到更好地促进农村文明建设。政府通过"民办公助"的形式，鼓励发展农村文化中心户和各种民间文化团体，让广大农民受益，增加农民收入。充分调动农民的积极性，更好地发挥农民的主体作用，促进生态体育的良性持续发展。

（五）注重才能之人组织的构建和培训

为了更好地推进农村生态体育的发展，我们需要加强环境教育，提高对生

态环境的认知和意识。治理人员、参与者和当地居民的素质水平对生态体育的质量和效果有着重要影响。每个层级的政府和人民都有责任构建良好的生态环境，为生态体育提供良好的条件。

在推进生态体育教学时，提升教学者的素质是农村生态体育发展的基础。生态体育资源多样化，遭受破坏的因素也很多，因此维护生态环境资源需要涉及多个学科和技术领域的知识。科研在维护生态体育资源方面至关重要，需要相关科技人员进行研究工作。同时，也需要培养专业人才来参与资源保护的工作。因此，建议体育学校和旅游学校开设相关专业的知识课程，整理专业的课程结构和项目，有针对性地培养具备生态体育旅游专业能力的人才。这将有助于推动农村生态体育的可持续发展。

虽然生态体育在具体的意义上缺乏当今体育竞技中独特的魄力，但是在现如今及将来，农村的体育的开展在实际意义中来看，生态体育的开展形式在与农村现实状况相融合的同时又与农民生产、生活形式息息相关。在构建文明和谐、村容整洁的新农村建设中具有关键的作用。发展农村生态体育资源，构建农村生态体育发展模式，对发展农村体育、增强人民体质、丰富人民群众的文化生活、促进和谐社会建设，具有重要的战略意义和现实意义。

第五节　全民健身与全民健康的融合发展

当前，深化健康改革，已经提升到各项工作日程中。在奥运会以及其他竞技体育项目不断取得骄人成绩时，我国由此掀起了全民健康热潮。为了更好地支持健康事业的发展，政府出台了诸多政策。国家和地方政府部门高度重视国民身体素质，强调开展全民健身运动的重要性，并将全民健身纳入到公共卫生以及预防医学领域当中，指出了健身对预防疾病、恢复健康的重要作用，这就需要将大健康的理念融入全民健身活动中，更好地推动全民健身和全民健康的融合发展。

一、促进融合发展的行动

各地结合工作实际，针对重点人群和重点场所，组织实施"三减三健"、

适量运动、控烟限酒和心理健康等专项行动。

（一）督促"三减三健"

确定重点人群，减盐、减油、减糖行动以餐饮从业人员、儿童青少年、家庭主厨为主，健康口腔行动以儿童青少年和老年人为主，健康体重行动以职业人群和儿童青少年为主，健康骨骼行动以中青年和老年人为主。传播核心信息，提高群众对少盐少油低糖饮食与健康关系的认知，帮助群众掌握口腔健康知识与保健技能，倡导天天运动、维持能量平衡、保持健康体质的生活理念，增强群众对骨质疏松的警惕意识和自我管理能力。

通过开展培训、竞赛、评选等活动，引导餐饮企业、集体食堂积极采取控制食盐、油脂和添加糖使用量的措施，减少含糖饮料供应。配合学校及托幼机构健康教育课程设计，完善充实健康饮食、口腔卫生保健、健康体重等相关知识与技能培训内容，开展健康教育主题活动，鼓励减少含糖饮料和高糖食品的摄入。通过开展"减盐控油在厨房，美味家庭促健康""聪明识别添加糖""健康牙齿、一生相伴""健康骨骼、健康人生"等社区活动，组织群众知识竞赛、健骨运动操比赛等，传授选择健康食品和健康烹饪的技巧、口腔保健方法和预防骨质疏松的健康习惯。在职业场所开展健步走、减重比赛等体重控制及骨质疏松预防活动，协助提供个性化健康指导与服务。对基层医务人员和健康生活方式指导员开展相关核心信息培训，提高社区健康指导能力，有条件的县（区）建立骨质疏松健康管理基地（门诊）。

（二）要求"适量运动"

促进体医融合，积极推进在公共卫生机构设立科学健身指导部门，积极倡导通过科学健身运动预防和促进疾病康复的知识和方法，在街道、乡镇开展健康促进服务试点，建立"体医融合"的健康服务模式。积极推进社会"运动处方"专业体系建设，开展家庭医生开具运动处方工作试点，提倡开展个性化的科学健身指导服务体系，提倡社会各单位将健康指标与工作效率相结合的评价机制。鼓励媒体和社会机构宣传体医融合、科学健身的文化理念，在大众中广泛普及科学健身知识，提高全民健身科学化水平。

（三）严格"控烟限酒"

创建无烟环境，禁止公共场所吸烟，开展无烟卫生计生机构、无烟机关、无烟学校、无烟企业等活动，发挥领导干部、卫生计生系统带头作用。以青少年、女性等为重点，发挥医生、教师、公务员、媒体人员的示范力量，围绕减少烟草烟雾危害、推广科学戒烟方法等主题，开展"送烟——送危害""戒烟大赛"等宣传教育活动，倡导公众养成健康、文明的"无烟"生活方式。推广戒烟热线咨询，开展戒烟门诊服务，营造"不吸烟、不敬烟、不送烟"的社会氛围。倡导成年人理性饮酒，广泛宣传过量饮酒对健康的危害，以及对家庭、社会可能造成危害的酒驾、暴力犯罪等的负面影响。以青少年儿童为重点人群，在学校广泛开展专项教育活动，宣传饮酒对其体格和智力发育等方面的影响，引导其远离酒精，并向家庭辐射传播酒精危害的相关知识。

（四）提升"心理健康"

广泛开展心理健康科普宣传，传播心理健康知识，提升全民心理健康素养。引导公民有意识地营造积极心态，调适情绪困扰与心理压力。开展心理健康"四进"活动："一进单位"，用人单位为员工提供健康宣传、心理评估、教育培训、咨询辅导等服务；"二进学校"，广泛开展以"培育积极的心理品质，培养良好的行为习惯"为主题的学生心理健康促进活动；"三进医院"，在诊疗服务中加强人文关怀，普及心理咨询和心理治疗技术，积极发展多学科心理和躯体疾病联络会诊制度，与高等院校、社会心理服务机构建立双向转诊机制；"四进基层"，在专业机构指导下，基层医疗卫生机构为社区居民逐步提供心理评估和心理咨询服务，依托城乡社区综合服务设施、基层综治中心建立心理咨询（辅导）室或社会工作站，对社区居民开展心理健康知识宣传和服务。

二、加快融合发展的策略

（一）政府主导，部门协作

各地区将推进全民健康生活方式行动作为健康中国建设重要内容，坚持政府主导、部门协作，将健康融入所有政策，紧密结合国家卫生城市、健康城市、

慢性病综合防控示范区和健康促进县（区）等建设工作，依托国家基本公共卫生服务均等化项目、全民健身活动、全民健康素养促进行动、健康中国行活动等平台，开展健康支持性环境建设。卫生计生部门要大力宣传健康生活方式核心信息，推广健康支持性工具，建设无烟环境，培育健康生活方式指导员队伍，开展健康生活方式指导员"五进"活动（进家庭、进社区、进单位、进学校、进医院）。

体育部门要健全群众身边的体育健身组织，建设群众身边的体育健身设施，丰富群众身边的体育健身活动，支持群众身边的体育赛事，提供群众身边的健身指导，弘扬群众身边的健康文化，携手卫生计生等相关部门培养运动康复医生、健康指导师等相关人才，推进国民体质监测与医疗体检有机结合，推进体育健身设施与医疗康复设施有机结合，推进全民健身和全民健康深度融合。各级工会、共青团、妇联组织要充分发挥宣传阵地作用，通过组织群众乐于参与的活动推广健康生活方式，积极创造有益于健康的环境。

（二）动员社会，激活市场

广泛动员社会各界，激发市场活力，在规范合作的基础上，鼓励、引导、支持各类公益慈善组织、行业学（协）会、社会团体、商业保险机构、企业等择优竞争，积极参与全民健康生活方式行动。针对人民群众健康生活需求，建设健康生活方式相关设施，开发和推广健康促进技术和健康支持工具，利用大数据、云计算、智能硬件、手机 App 等信息技术，创新健康管理模式，提高健康生活方式相关服务可及性。在全社会营造良好的健康服务消费环境，帮助群众体验健康生活方式带来的益处和乐趣，提升百姓健康产品和服务供给的获得感，增强群众维护自身健康的能力。

（三）多措并举，全民参与

倡导"每个人是自己健康第一责任人"的理念。鼓励个人、家庭使用控油壶、限盐勺、体质指数速算尺等健康支持工具，促使群众主动减盐减油减糖，合理膳食。引导群众积极参加健身操（舞）、健步走、太极拳（剑）、骑行、跳绳、踢毽等简便易行的健身活动，发挥中医治病优势，大力推广传统养生健身法。深入开展控烟限酒教育，促使群众主动寻求戒烟咨询和服务，减少酒精滥

用行为。强调培养自尊、自信、自强、自立的心理品质，提升自我情绪调适能力，保持良好心态。扶持建立居民健康自我管理组织，构建自我为主、人际互助、社会支持、政府指导的健康管理模式。

（四）科学宣传，广泛教育

每年围绕一个健康宣传主题，结合每年 9 月 1 日的全民健康生活方式日等各类健康主题日，广泛宣传健康科普知识。充分发挥工会、共青团、妇联等群众团体的桥梁纽带作用和宣传动员优势，以百姓关注、专业准确、通俗易懂的核心信息为主体，采取日常宣传和集中宣传相结合、主题宣传与科普宣教互辅佐、传统媒体与新媒体共推进的形式，策划打造全民健康生活方式行动品牌，积极传播健康生活方式核心信息，努力营造促进健康生活方式的舆论环境。

三、保障融合发展的措施

（一）加强组织领导

各地要坚持政府主导、部门协作、动员社会、全民参与的工作机制，统筹协调，综合各方力量，依托各个工作平台，共同制定因地制宜的行动实施方案，做好科学指导、组织实施、信息上报和评估工作。

（二）整合工作资源

将全民健康生活方式行动的具体内容与健康城市建设、慢性病综合防控示范区建设、全民健康素养行动等工作统筹规划，有效整合资源，确保行动实效。加强对活动实施的组织保障和经费支持，积极推动社会参与，吸引社会资本共同开展活动。

（三）加强队伍能力建设

定期开展项目培训，提高各行动工作队伍的组织、管理、实施和评估等能力。加强国内外交流与合作，学习和借鉴国内外开展健康促进行动的成功经验，引进与健康生活方式相关的先进理念和技术，不断完善和丰富行动内涵，促进行动可持续发展。

（四）强化督导与评估

省级行动办组织辖区各级行动办每年开展 2 次工作信息逐级审核上报。国家行动办定期汇总通报全国进展情况，同时结合其他调查及监测数据，掌握目标进展，制定评估方案，定期组织评估。定期开展督导检查和技术指导，总结好的措施和方法，在全国范围内宣传推广。

参考文献

[1] 潘丽英. 全民健身服务体系构建与运动方法研究［M］. 北京：新华出版社，2018.

[2] 罗旭. 我国全民健身服务体系的理论构建与运行机制研究［M］. 北京：北京体育大学出版社，2011.

[3] 郭磊，李泽龙，王洪鹏. 全民健身服务体系与实践指导［M］. 北京：新华出版社，2015.

[4] 肖林鹏. 天津市全民健身服务体系研究［M］. 北京：北京体育大学出版社，2010.

[5] 李相如. 全民健身研究新视点［M］. 北京：北京体育大学出版社，2008.

[6] 李爱国. 田径运动教学研究［M］. 武汉：武汉大学出版社，2017.

[7] 文静. 城市居民健身消费力及其影响因素研究［M］. 北京：北京体育大学出版社，2008.

[8] 张春华. 武术健身态度动机与群体互动的研究［M］. 北京：北京体育大学出版社，2007.

[9] 周骞. 高校健身健美教程［M］. 北京：新华出版社，2018.

[10] 单威. 健身习惯和生活方式对高教社区老年人生活质量和体质健康的影响［M］. 北京：北京体育大学出版社，2016.

[11] 谢林海，彭小澍. 我国全民健身活动现状及发展对策［J］. 体育与科学，2005，26（6）：4.

[12] 方千华. 中国体育学科理论建设应更好地服务于体育实践发展需要［J］. 北京体育大学学报，2022，45（2）：2.

[13] 张玉兰，黄显忠，杨丹亚. "全民健身"理念下高校体育应用型教学团

队建设与实践研究——以健美操教学团队为例 ［J］. 榆林学院学报，2019，29（4）：4.

［14］李羚玮. 全民健身与全民健康深度融合的理论与实践研究 ［J］. 当代体育科技，2022，12（19）：3.

［15］孙长武，梁宗宪. 高校体育在实践全民健身思想的路径和策略探究 ［J］. 轻松学电脑，2021，000（011）：1-2.

［16］丁怡. "健康中国"视角下全民健身运动路径探索与实践 ［J］. 运动与健康，2022（2）：3.

［17］孟晓平，魏丕勇，马玉华. 健康运动学建构的现实需求和逻辑探索 ［J］. 山东体育学院学报，2021，37（5）：6.

［18］汤亚平. 高校体育教学与全民健身的理论和实践探索 ［J］. 湖南科技学院学报，2006，27（11）：3.

［19］王先亮，周铭扬，赵延军. 更高水平全民健身公共服务体系构建中基层体育社团的下沉治理 ［J］. 沈阳体育学院学报，2022，41（6）：7.

［20］张豫. 健康中国环境下体医融合模式发展对温州全民健康体系构建研究 ［J］. 冰雪体育创新研究，2020（12）：17-18.

［21］丛伟伟. 城市社区体育健身中心设施配置研究 ［D］. 南京：南京航空航天大学，2016.

［22］张雨. 我国山地户外运动赛事组织理论与实践研究 ［D］. 北京：北京体育大学，2011.

［23］纪新涛. 驻青岛市普通高校田径课程教学改革实验研究 ［D］. 济南：山东体育学院，2016.

［24］赵蓉雪. 全民健身理念在城市公园设计中的应用研究——以荣成市绿岛北湖体育公园设计为例 ［D］. 济南：山东建筑大学，2018.

［25］冯盼盼. 美国国民"身体活动计划"的制定和实施研究 ［D］. 天津：天津体育学院，2016.

［26］李向东. 体育人居环境的实践探索与理论研究 ［D］. 北京：北京体育大学，2009.

［27］郝晨. 全民健身公共服务内容标准化初探 ［D］. 重庆：西南大学，2015.

［28］冯俣睿. 社区体育服务供应链现状，问题及对策研究 ［D］. 上海：上海

体育学院，2020.

［29］张明. 社会主义新农村全民健身体系理论与实践研究——以广东省东莞市厚街镇、麻涌镇为例［D］. 广州：广州体育大学，2011.

［30］王瑜. "体医结合"全民健身进社区背景下社会体育指导员岗位设置的理论与实践研究［D］. 南宁：广西民族大学，2016.